Mimesis

柏拉图
的眼光

模仿与古希腊艺术

Plato's Vision:
Mimesis and Ancient Greek Art

◎ 赵炎————著

广西美术出版社

内容提要

柏拉图关于艺术的模仿理论历来都被看作是对于艺术本质进行解释和评价的最为古老的一种理论。其之所以重要，一方面是因为这是最早对艺术进行界定和解释的理论，因而也可以被视为艺术理论或艺术哲学之发端；而另一方面，就在于模仿理论具有深远的影响，不仅在艺术理论发展的历史中不断被提及、引用和阐释，而且随着思想的更新和社会文化的转型，模仿理论又作为一种基础性的元理论，发展出了很多其他相关的术语和概念。因此，探究柏拉图最初的模仿理论既可以清理我们长期以来对这一问题存在的模糊不清的认识乃至误解，同时又为我们理解与之相关的那些新概念和术语，解决新问题奠定坚实的理论基础。

本书对于柏拉图模仿理论的研究分三部分展开：第一部分讨论柏拉图关于艺术的模仿理论是如何出现和形成的，包括清理在柏拉图之前模仿这一词语或语群的使用及含义，具体探讨柏拉图在不同时期的对话中使用模仿一词之时所发生的含义变化。在此基础上，重新解释柏拉图对于艺术模仿的说明和评价，以厘清之前在理论界所一直认为的柏拉图对艺术模仿持批评态度的那种误解。第二部分从柏拉图的哲学框架出发，来探讨模仿在柏拉图构建其哲学思想架构的过程中所发挥的作用，通过从理念论构架的形成、认识论逻辑的建立，以及辩证法思想的发展这三个角度进行考察。本书探讨了模仿理论在柏拉图哲学中所具有的重要意义和价值，从某种程度上说，这也是对本书第一部分所讨论的关于柏拉图使用模仿含义的变化，以及清理那种认为柏拉图对模仿的艺术持批评态度的误解，这两个重要问题是从柏拉图哲学思想的立场做出的进一步解释。第三部分着重探讨作为一种艺术理论的柏拉图的模仿理论。首先，从艺术本身出发，探讨柏拉图在通过模仿来讨论艺术作品的时候，他所面对的希腊艺术的现状，试图在柏拉图的模仿理论与当时希腊艺术的现实之间建立起某种联系；其次，在此基础上，讨论柏拉图的模仿在开始作为一种艺术理论的时候所产生的问题，本书集中探讨的是模仿理论美学化的问题；最后，本书将柏拉图所建立的艺术模仿理论作为一个发散性的衍生点，通过探讨由其所生成的两种结构性的理论范式，对那些由模仿演变而来的在当代艺术批评理论中经常使用的重要术语进行了简要的说明，从而勾勒出一个由模仿所生成的谱系网络，揭示了柏拉图所建立的模仿理论作为始终隐藏在关于艺术思维中的一种重要句法，一种话语结构在艺术史和艺术理论发展过程中持续发挥的重要作用和影响。

目 录
Contents

序

艺术史，是对于人的审美创造物的解释和历史的分析，它一方面和哲学、美学、艺术批评和鉴赏学相对应，另一方面与纯粹的文物研究相对应。艺术史作为人文学科的一部分，它的建立虽然可以追溯到意大利文艺复兴时期，但是它真正得到确立和发展是在德国，就像美国学者所形容的那样："艺术史的母语是德语。"德国哲学家温克尔曼在1764年出了第一本以"艺术史"命名的书。

早期的美术史研究主要是以美术史家（大部分是艺术家和收藏家）直接经历的事件和接触的材料为记述对象。而随着历史的积累和资料的丰富，美术史研究的基本行为逐渐由记述转变为考据，美术史家也和历史学家一样，不再是艺术家附带的兴趣，而成为一项专门的工作和职业。换句话说，在原始资料和文献以超量的形式呈现在人们面前的时候，考据几乎成了美术史研究最基本的特征。美术史方法作为一个问题提出，就在于考据与材料的特定关系，即有限的考据和材料的无限积累和增长。人类历史上的艺术活动本来只是个别的个体和群体的现象，在空间和时间上往往是相互隔绝和脱离的，在不同的地域和文化，一些艺术家诞生又去世，一些艺术现象发生又消失，它怎么会成为一种按照时间顺序整齐排列的历史呢？究竟是按照什么样子的原则来构筑这样一部艺术编年史呢？就像历史学上的"什么是历史"这样一个终极命题一样，美术史上也同样存在着这样一个谜："什么是美术史？"这个问题的内在含义应该是"每一部美术史都只是一个美术史家或一种方法的历史"。也可以说，美术史成为一门学科以来，就不断有美术史家对编史的方法进行了研究。但是，在美术史方法上存在着两个性质不同的概念。作为一个浅层的概念，美术史方法意味着一种工具的职能，如图像志（考据学）、文献学、材料技术学、传记学、心理学、文化学和社会学等等，即按照艺术的不同属性从不同角度切入美术史的编写。这些方法基本上都没有一个预设的价值标准，犹如一门职业的技能，使美术史的编写能够在一种可操作的方式下运行。作为美术史方法的深层次概念则是对方法的形成提出本质性的质疑，即为什么要采用这种方法，或按照什么样的原则来采用各种不同的方法。实际上，任何方法都不是孤立的，甚至于不同的方法或学派在美术史实践中、在具体的考据过程中基本上都是大同小异的。形式批评离不开具体的实证，图像学或社会批评也离不开形式分析。那么不同学派之间的分歧何在呢？关键不在考据的方式，而在于这些方式之上的思想方法，以及在这些方式内部所隐含的哲学意义。也正是从这个意义上说，方法论概念的诞生才使美术史的考据和研究正式进入了学科的状态。

外国美术史研究也是美术史学的一部分，但与一般的美术史研究有很大的不同，尤其是在中国，在中国做外国美术史（主要是西方美术史）在历史上经历了几个阶段。早期的外国美术史写作还谈不上研究，五四运动前后，随着现代艺术学校的建立，最早的外国美术史是为美术学校学生学习绘画的教材而编写的，根据国外已有的美术史资料编写而成的艺术简史，重点在绘画和雕塑，以适应美术教学的需要。随后，我国一批留学欧美的艺术学子更深入地接触到西方美术，不仅在艺术观念与实践上带回西方艺术史的认识和知识，在艺术史上也进行了深入的研究，编写出比较专业的艺术史著作，包括用特定美术史方法研究的艺术史。中华人民共和国成立以后，大量的外国美术史被翻译和介绍进来，一批又一批留学生出国留学，回来后在美术院校任教，美术史的专业水平得到了极大提高。当时美术史的资料来源主要是苏联，留学也是在苏联，在美术史的认识和研究上也深受苏联的影响。外国美术史的工作主要是服务于教学，服务于艺术创作。但外国美术史的知识空前普及，从特定的思想观念出发对西方美术史做出自己的批判与分析，为日后外国美术史研究奠定了基础。

改革开放以后，外国美术史研究有了很大发展。大量的外国美术史资料翻译过来，美术史研究的对象和领域有了极大的扩充，外国图书的大量引进丰富了美术史资料，这对于外国美术史研究是非常重要的。但是，从整体上说，外国美术史研究仍徘徊于编译与写作之间，缺乏对美术史的直接考据与研究，大多是根据国外现成的研究成果，再做第二手的研究。按照帕诺夫斯基的说法，美术史研究是考古学与审美判断的结合，考古学是美术史的基础。显然，一般情况下，外国学者很难进入对方的考古学领域，然而，"审美判断"却大有可为，第二手的研究与"审美判断"的结合，应该是外国美术史研究的重要特征。新时期以来，外国美术史研究的发展也体现在这一方面。

从这个角度来看，外国美术史研究与世界历史的研究有相同之处，在第二手研究的基础上有自己的成果和结论，主要有两种可能性：

一个是阐释性的研究。阐释性包括两个方面：一方面，对于历史的重新解释和解读。现代美术史的研究越来越向思想的深度和方法的广度发展，以前看似简单的东西，如艺术家与作品的历史，越来越需要思想的解释，在交叉学科的条件下，艺术的解释也更加复杂和多样。另一方面，外来文化的引进总是与现实的需要相适应，艺术史的重新解释也反映了我们的立场和观点。在中国现代艺术史中，有过关于印象派、西方现代艺术和抽象艺术的争论，这些争论也深刻地反映在美术史研究上，推进了美术史研究的自主性判断和分析。

另一个是综合性的研究。综合性的研究对我们的美术史研究来说是非常重要的一个方面。以前的外国美术史的写作与教学，总是集中在艺术家与艺术作品，偶尔附带一些历史与社会背景。艺术作品并不是孤立的现象，不是艺术家天才的表现，而是在一定的社会背景和文化背景下，在一定的政治、经济、文化、社会的条件下创作的。从这些方面研究艺术史，不仅需要丰富的世界历史知识，还要有贯通交叉学科的能力。更重要的是，能够将这些本来孤立的现象联系起来，进行有机整合，揭示艺术创作的内在因素和外部条件。当然，外国美术史的研究早已不是单纯的绘画与雕塑的历史，艺术史的对象和范畴几乎涉及人文学科的各个领域。

赵炎所撰写的《柏拉图的眼光：模仿与古希腊艺术》属于阐释性的研究，虽然侧重美学与艺术理论，但对创作手法和艺术观念而言，柏拉图的美学思想也是艺术史的组成部分。

易英

2017 年 4 月于中央美术学院

柏拉图的眼光：
模仿与古希腊艺术

Plato's Vision:
Mimesis and Ancient
Greek Art

导
论

一、本书的主题

艺术的模仿理论历来都被看作是对艺术本质进行解释和评价的最为古老的一种理论[1]，而在柏拉图哲学思想框架下的模仿理论又是任何一本介绍艺术理论或美学理论的著作都绕不开的内容，其之所以重要：一方面，因为模仿理论是最早对艺术进行界定和解释的理论，因而也可以被视为艺术理论或艺术哲学之发端；而另一方面，就在于模仿理论具有深远的影响，不仅在今天的艺术理论中它还被反复提及和使用，同时随着思想的更新和社会文化的转型，模仿理论作为一种基础性理论，又在其之上发展出了很多其他的术语和概念，如再现或表象、仿像等。因此，探究最初的模仿理论又成为我们理解这些新概念和术语，解决新问题的理论基础。对于柏拉图的模仿理论进行细致的考察和线索化的梳理，其重要性不仅仅在于认识古希腊时期的思想家看待绘画艺术的观念，同时有助于我们厘清一些重要的艺术理论概念，从而也是探讨艺术理论或艺术哲学之源头的一种方式。

模仿虽然是作为一种基础性的艺术理论，从古至今一直在使用，但就目前而言，其实对于其认识还很不够，尤其是国内对于柏拉图关于绘画艺术模仿理论的了解程度还只是一般概念上的理解，仅在通用的美学史和艺术概论中对其进行过简单介绍，也很少有对绘画模仿问题本身进行细致的考据和研究。其实，就模仿一词本身而言，无论是词语本身还是含义，在从古至今的文本中就经过了几次变化，比如，从最初的 mimesis 转换为 imitation，再从含义上转化为变体的 representation（译为再现或表象或表征）等等。因此，通过介绍国外学者对于柏拉图之前模仿概念来源及含义的考据，梳理和阐明柏拉图对于模仿概念的使用，有助于我们对柏拉图的模仿理论有较为细致而深入的认识和理解，并在此基础上，清理柏拉图对于绘画艺术的批评及其真正的所指。

讨论柏拉图关于艺术的模仿理论，离不开柏拉图的哲学理论框架，但是，就目前而言，在艺术理论中从柏拉图哲学角度关于模仿问题的认识还仅仅是简单化的，即只是从对话本身所看到的：现实事物是对理念的模仿，而绘画又是对现实事物的模仿，因而作为模仿的模仿与理念相隔，成了柏拉图批评的对象。然而，在这里需要追问的是，这一模仿理论在柏拉图的哲学体系中究竟占据什么样的位置？而模仿的艺术又在其论述的对象中（比如与诗的关系中）扮演什么角色，发挥什么作用？柏拉图对于艺术的批评是在何种情况下提出的？是经过对于艺术的详细探究所做出的结论，还是别有意图？关于艺术的模仿理论构成了一种对于艺术的基础性解释，也是后世以艺术作为本体的一种艺术哲学的发端，这种艺术哲学的发端究竟是如何形成的？又是如何对后世探讨艺术的理论发生影响的？上述这些问题都是我们需要进一步去探究和讨论的，也构成了本书所要讨论的主题。

因此，概括而言，本书的主题主要是从以下三个方面展开：

1. 柏拉图的模仿理论究竟从何而来？具有何种含义？模仿（即mimesis 一词）在柏拉图之前的用法和含义是什么？而在柏拉图对模仿的使用中其含义又有什么变化？他对于模仿艺术的具体态度是什么？是在何种情况下提出的对于模仿艺术的批评？

2. 探讨模仿理论在柏拉图的整个哲学体系中究竟占据什么样的位置，发挥什么作用？进而讨论模仿艺术在其讨论的对象中所发挥的作用，在此基础上追问，柏拉图对于模仿的艺术究竟有何真正的诉求？

3. 主要探讨的问题是模仿理论作为艺术哲学的发端是如何得以形成的？探究柏拉图时代的希腊艺术的状况与理论阐释究竟有何种关联？在模仿理论基础上又发展出了哪些艺术理论的术语和概念？它们在哪些内涵层次上发生了变化？对后世又有何影响？

二、对柏拉图及其著作的说明

尽管柏拉图作为西方哲学史上最为重要的哲学家历来为人所熟知，

但在这里还是有必要对柏拉图的生平及其流传至今的著作情况再进行简要的说明，以使本书后面的论述较为便利，也让读者可以有较为完整的认识和理解。

柏拉图（公元前 427 年—前 347 年）是古希腊最为重要的思想家、哲学家、文学家和教育家之一，他的思想对西方哲学和整个西方文化思想都产生过重要的影响，也是艺术史上讨论早期艺术观念和认识的时候绕不开的一个首要人物（图 1）。

关于柏拉图生平的记载主要来自柏拉图带有自传性质的"第 7 封信"和公元 1 世纪的传记作家第欧根尼·拉尔修的《著名哲学家的生平和学说》。柏拉图出生于公元前 427 年，正是伯罗奔尼撒战争爆发后的第四年，据说他原名阿里斯托克勒（Aristocles），因其体魄强健、前额宽阔，希腊语中 plato 是宽广之意，故而被称为柏拉图。柏拉图生在雅典的名门贵族之家，父亲阿里斯通的谱系可上溯到德罗庇达一世和二世（公元前 664 年和公元前 593 年执政雅典），母亲珀里提俄涅则来自梭伦家族，而她的兄弟卡米德和堂兄克里底亚是雅典"三十僭主"的核心人物。柏拉图的生父去世之后，母亲改嫁给她的堂叔皮里兰佩，后者与雅典民主派的领袖伯里克利关系密切。柏拉图大约 20 岁时跟随苏格拉底学习，此后短短几年雅典发生了一系列重大事件：伯罗奔尼撒战争以雅典的失败告终，在斯巴达的压力下民主政治被推翻，建立起了"三十僭主"统治，但由于他们的血腥统治几个月后又被推翻恢复了民主政治，然而这个恢复了的民主制却最终处死了苏格拉底，这个事件对于柏拉图的政治思想产生了重要影响。公元前 399 年苏格拉底去世之后，柏拉图流亡到麦加拉，据说他曾参加过公元前 395 年的科林斯战争，被斯巴达人击败之后他曾到埃及游历，后来又去了居勒尼、意大利南部和西西里等地。公元前 387 年柏拉图在雅典城外西北角的阿卡德摩（Academus）建立学园，该学园一直存在到公元 529 年被东罗马帝国皇帝查士丁尼下令关闭。柏拉图曾于公元前 388 年、367 年和 362 年三赴西西里岛上的叙拉古，但他的由"哲学王"管理的邦国政制理想的实践却均以失败告终，此后，他专心学园的教育和研究工作，于公元前 347（或 348）年去世。

黑格尔曾说："柏拉图的作品得以保存，实在是命运带来的最美的

馈赠之一。"[2] 柏拉图作品的流传就其完整程度在古希腊著名哲学家中是绝无仅有的，他流传至今的著作共有对话作品35篇、书信13封，其中27篇对话目前被学术界公认为柏拉图的真作，其他尚存争议，且程度不一，书信中一般认为第7和第8封信是真的，而第1、第2、第12封信多认为是伪作。除此之外，还有公认托名柏拉图的作品7篇。由于柏拉图的影响之大，从古至今在不同时期都有学者对他的思想进行介绍、研究和发展，在学术史上从各种角度展开的研究汗牛充栋，主要分为两类：第一类是对柏拉图著作本身的研究和考证，包括证伪问题、版本问题、分类和先后次序问题、未成文学说问题等等；第二类是从各个角度展开的对柏拉图思想的研究，包括政治学、哲学、美学、教育学、神学、文学，等等，所有这些研究成果，足以构成一门极为浩瀚的柏拉图学。

严格地说，在柏拉图的著作中主要涉及的是关于政治、理论教育和一般的哲学问题，关于美学和艺术问题的观点主要是在讨论上述其他问题中零星涉及的，比如他专门论及美这一问题的只有《大西庇亚篇》一篇（该篇对话的真伪以前在学术界多有争议，现在多认为是真作），而其他经常提到的篇目也只是与其他对话相比而言在其中涉及美或艺术的观点多一些而已。对于柏拉图来说，他并无意针对艺术进行全面和系统的专门讨论，这是我们讨论柏拉图的艺术思想时所要把握的一个前提，即在对他涉及艺术的观点进行研究的时候是去分析和解读他看待和理解艺术的思想，而不是建构一套柏拉图的系统美学思想。

三、关于模仿理论的研究现状

1. 国外学者对柏拉图模仿理论的研究状况

从古至今从不同角度展开的对于柏拉图思想各个方面的研究是极为丰富的，本书在此无法全部进行说明，这里仅考察与本书研究相关的讨论柏拉图模仿理论的研究状况，并对其进行述评。此外，由于还有大量涉及柏拉图模仿理论的文章或著作仅是进行一般程度的介绍或简单提及，对这类著作本书将不做说明，只重点评述笔者目前所掌握的与本书内容相关的重要研究成果。

就柏拉图的模仿理论而言，目前为止西方学者主要从两个方面进行过研究：其一，是专门对模仿一词在古希腊的词源和语义进行考据；其二，是主要讨论柏拉图看待绘画的问题，并在此过程中涉及对于模仿问题的讨论。

模仿即 mimesis，希腊语为 μιμησις，该词在英语中译为 imitation，中文即译为模仿，但是在古希腊的原初语境中这个译法并不准确，只是传达了原词 mimesis 的部分含义。因此，对于该词的研究也正是从词语的最初使用和意义的流变及差异中展开的。西方学者较早对 mimesis 进行专门考据的是科勒，他在其著作《古代的模仿》中对 mimesis 一词的词源和含义进行了考据，认为在对该词的使用中，主要指的是音乐和舞蹈。[3] 他的研究成果对于后来关于柏拉图模仿理论的研究产生了重要的影响，如柯尔斯在其著作《柏拉图与希腊绘画》中关于模仿含义的看法就接受了科勒的观点。埃尔斯在其稍晚的文章《公元前五世纪的模仿》中也对模仿的词源及其在阿提卡方言中的使用情况进行了考据[4]，并提出了不同的观点，认为该词的词源最初指的是悲剧表演中在幕后模拟牛叫的声音，对此，斯蒂芬·哈利维尔在其《模仿的美学》中对上述观点表示认同[5]。除了上述两种对于模仿词源含义的考据，索尔邦在其著作《模仿与艺术》中对于 mimesis 的词源和使用状况也进行了系统的梳理[6]，他总结了在柏拉图之前的其他历史学家和作家的著作中对于 mimesis 一词，或与之相关的变体词使用的状况，并区分出了其中的 19 处涉及审美语境的段落，对于理解 mimesis 的最初含义和指代的艺术对象具有重要的参考意义。关于上述学者对于柏拉图之前 mimesis 词源的考据和释意，本书将在第一章第一节专门进行介绍和说明，在此不再赘述。

对于柏拉图的模仿理论的讨论主要是围绕着关于柏拉图论艺术问题的讨论展开的，而在这些研究中关于模仿的艺术的侧重点又不同，有的研究是就一个整体的"艺术"进行讨论，没有对这个"艺术"的具体类型进行细分，也有的是专门针对柏拉图批评诗歌和看待绘画的问题展开的。

较早对柏拉图的模仿理论进行考察的是泰特，他在其文章《柏拉图理想国中的模仿》[7]和《柏拉图与模仿》[8]两篇文章中都对此问题进行过讨论，但他主要针对的问题是柏拉图对于诗歌的批评，并在第一篇文章中提出应该对柏拉图使用模仿的意义进行区分，即在好的意义或坏的意义上的模仿。在第二篇文章中，他主要是针对一些文学批评家对于柏拉图驱逐诗歌的不满，提出对于柏拉图观点的理解应该根据柏拉图普遍的形而上学的立场展开，而不应该脱离这一点去解读。罗伯特·C. 洛奇的著作《柏拉图的艺术理论》中结合柏拉图的思想从几个方面对艺术的问题进行了分析[9]，包括艺术的起源、本质、功能、模仿，以及美学的价值判断等，其中诗歌、音乐、讲演术、工艺、绘画等都是整合在一起作为艺术来讨论的，是对艺术问题进行的整体化讨论。在其中讨论模仿问题的时候，并没有涉及 mimesis 一词含义的变化问题，而仅是结合柏拉图的对话讨论模仿的程度，并区分了可以模仿的四个层次。克里斯托弗·詹韦在其著作《杰出的图像：柏拉图对艺术的批评》中结合柏拉图具体的对话篇目讨论了关于美、模仿、愉悦、迷狂等方面的问题[10]。关于模仿问题作者主要的侧重点是讨论模仿的诗的问题，并讨论了柏拉图是否具有审美意识的问题，通过批判了那种认为由于柏拉图坚持功能、道德和真理作为标准因而缺乏审美意识的观点，提出柏拉图其实是具有某种审美意识的，并坚持认为只有我们承认了这一点，才能去理解他拒绝美学魅力的真正原因。关于这一问题，斯蒂芬·哈利维尔也认为："如果说柏拉图缺乏某种可以被狭义地（或按照现代的观点）描述为美学的理论的话，并不是因为他没有意识到这一问题，而是他有理由拒绝这种倾向。"[11]除了上述研究，还有一些涉及柏拉图模仿问题的内容是在专门论述柏拉图对于模仿的诗的批评这一问题中附带展开的，虽然对于模仿的解释没有多少新意，但对于我们解读柏拉图看待模仿艺术这一问题有一定的启发。通过将柏拉图对于艺术的论断看作哲学性或政治性的论断，因而对于其否定模仿艺术的论断也就有了相对宽容的态度，有的学者主张从哲学或社会的角度来看待这种否定，或是直接为柏拉图批评模仿的艺术进行辩护。如：尼哈马斯在其文章《柏拉图与大众媒介》一文中就说："通过近观那些强调柏拉图批评观点的哲学设想，他对于诗的攻击应该被理解为一种特殊的、社会的和历史的姿态，而不应理解为就是对诗的攻击尤其是对艺术的攻击。"[12]他还在另一篇文章中提出：柏拉图所反对的只是诗，而并非所有模仿的艺术[13]。

在专门讨论柏拉图看待绘画这一问题的研究中，对于 mimesis 一词含义的考察是一个重要的切入点，其研究方法是从今天对于艺术作品的理解出发把柏拉图对于艺术的批评理论与古希腊的艺术作品结合起来进行讨论，但主要集中在对于绘画（有时表述为幻觉艺术）的讨论上，目前为止仅有少数的文章和著作从这一角度展开研究。

这类研究中最为重要的研究成果是柯尔斯的著作《柏拉图与希腊绘画》[14]，她也从考察 mimesis 的概念入手进行论证，在这一方面她主要继承的是上文所述的德国学者科勒对于 mimesis 的词源和含义的研究。柯尔斯从对于模仿含义的讨论出发，在书中提出柏拉图对于艺术的批评其实真正针对的是诗而不是绘画或雕塑，这一观点影响了很多类似讨论柏拉图与绘画的研究，并成为这类研究立论的基础。此外，比较重要的还包括斯蒂芬·哈利维尔的两篇从类似角度讨论柏拉图艺术观点的文章：《柏拉图与绘画》[15]和《超越自然之镜：柏拉图对视觉形式的道德规范》[16]，前一篇讨论的是柏拉图的哲学兴趣在图像的模仿状态中所扮演的角色，而后一篇则集中讨论柏拉图对视觉形式的道德诉求。本书关于柏拉图模仿理论的研究在某些方面受到柯尔斯和斯蒂芬·哈利维尔观点的启发，也认同其部分观点并在他们的基础上进行了拓展，但在一些问题上也持保留意见，具体的讨论将在文中展开，这里不再赘述。

除此之外，在柯尔斯之前还有一些从绘画这一角度展开研究的文章，尽管其中对于柏拉图的模仿理论没有做多少的讨论，但是对于我们理解柏拉图看待模仿艺术的问题还是具有启发意义的。其中比较有代表性的是 R.G. 史蒂文的文章《柏拉图与其时代的艺术》[17]，还包括德曼德的文章《柏拉图与画家》，等等[18]。史蒂文在文中提出："柏拉图在其对话中关注了各种类型的艺术，但他最常指涉的是幻觉的艺术。对于幻觉的艺术有两个基本要素是他所反对的，这两方面都试图在画面中呈现出深度。其一是透视，其二就是使用明暗和色彩来获得一种造型的效果。"[19]他最后的评论是："作为一名哲学家和教育家的柏拉图所提出的任何关于艺术的看法都是不适宜且危险的。他的哲学迫使他对艺术彻底宣判了死刑，而他的教育理想又让他反对大部分艺术的类型。由此，他从一开始就无法欣赏由阿加萨克斯[20]（Agatharchus）和阿波罗多罗斯（Apollodorus）所带来的艺术上的革命和成就。"[21]史蒂文的讨论方法和观点在早期从绘画角度研究柏拉图艺术观点的学者那里是具有代表性的，应该说，他的看法大体上还是中肯的。的确，柏拉图关于艺术的思想受制于他的哲学和教育的思想这一点在对话集里表现得很明显，但就通过对比柏拉图对艺术的否定性批评和当时（文献所记）艺术的发展状况这一研究方法来说，无论是论证的方式还是最终的结论都过于简单化了。当然，本书在这里绝无苛求前人的意思，仅仅是表明，对于这一问题还有值得进一步深入讨论的地方，上述学者的成果都对本书产生过重要的启发意义。

在对于柏拉图 mimesis 问题的研究之外，经常讨论到的类似概念还包括：技艺（techne 或 technai）、美（kalos 英文译为 beautiful）[22]、善、愉悦、迷狂等。由于此类概念与本书讨论的模仿问题关系不大（少数有联系的将会在文中说明），此处不再赘述。

2. 国内学者对柏拉图模仿理论的研究状况

由于国内对于柏拉图美学思想的翻译介绍和研究直接构成了我们今天对于柏拉图模仿理论的基本认识，所以有必要对这一方面的状况做一个整体的梳理和说明。

中国对于柏拉图思想的了解首先从翻译开始，早在1921年就有《理想国》的译本面世[23]，此后陆续有部分对话篇目的译本面世，这些译著的出版是国内对柏拉图进行研究的基础。较早从美学角度对柏拉图进行翻译和介绍的是朱光潜，就笔者目前所掌握的资料来看，他的《柏拉图文艺对话集》大致先后出过6个版本[24]，最早的一本出版于1954年，

1962 年他曾在译后记里讨论过柏拉图的美学思想，主要从文艺与现实世界的关系、文艺的社会功用、文艺才能的来源——灵感说这三个方面概述了柏拉图的对话中涉及美学的一些基本观点，其中前两个部分都涉及对于柏拉图模仿理论的介绍。此前还有个别文章讨论过柏拉图的美学思想，比较重要的是汝信 1961 年发表在《哲学研究》上的名为《柏拉图的美学思想：兼论亚里士多德对他的批判》[25]，文中用较长的篇幅介绍了柏拉图的美学观点，其中就包括对于柏拉图模仿理论的介绍。此外，1963 年和 1964 年出版的朱光潜的《西方美学史》上下卷中也对柏拉图的美学思想进行了介绍（包括模仿理论）。总的来说，20 世纪 60 年代初个别美学家对柏拉图的介绍形成了对柏拉图的美学和他的模仿理论的基本认识。

自 20 世纪 80 年代开始，在多本出版的介绍西方美学或古希腊罗马美学的著作中都对柏拉图的美学思想进行了概述和介绍，其中自然涉及对模仿理论的简要介绍[26]。进入 20 世纪 90 年代之后，开始有专门研究柏拉图的著作出现，其中有两本影响较大：王宏文、宋洁人合著的《柏拉图研究》对柏拉图的著作和思想进行了相对全面的研究[27]，包括生平史、作品流传版本及真伪考据、柏拉图的社会政治思想，以及专门对《理想国》进行了研究，但对柏拉图的艺术思想涉及甚少。类似的著作还包括汪子嵩、范明生等人所著的《希腊哲学史》（第二卷）[28]，其中对柏拉图的哲学思想和研究状况进行了基本介绍，但并没有专门对模仿的问题进行深入讨论；陈中梅的《柏拉图诗学和艺术思想研究》是专门针对柏拉图的艺术思想进行的研究[29]，但在这本书中大部分讨论的是关于诗歌的艺术问题，其中在第九章把音乐、舞蹈、绘画和雕塑作为一个整体进行了简要的介绍，仅是从对话本身对柏拉图的观点进行了说明和简要分析，而没有做更为细致和深入的讨论。书中关于模仿问题的讨论也主要是围绕诗歌的模仿问题展开的，就模仿的含义来说主要参考了前述埃尔斯的观点，而没有进行更为深入的讨论。除了专著之外，20 世纪 90 年代以来，在国内各大学术杂志上发表的讨论柏拉图美学思想的论文开始逐渐多起来，主要涉及的论题包括如下几个方面：概述柏拉图的美学思想，具体讨论柏拉图美学思想中哲学与诗歌的问题，柏拉图的理式说、净化说、迷狂说，关于美的问题，柏拉图与亚里士多德的美学思想的比较研究，等等。但就柏拉图关于艺术的模仿理论而言，相关的文章大部分都是泛泛介绍和一般性说明而没有深入的研究，故而这里就不再进行介绍。

2000 年以后在内容上相对集中涉及柏拉图模仿理论的文章仅有两篇。一篇是王柯平的文章《Μίμησις 的出处与释义》[30]，介绍了前述西方学者科勒、埃尔斯、索尔邦等人对于 mimesis 一词考据的研究状况；另一篇是陈旭霞的《古希腊罗马视觉艺术中的"模仿"概念》[31]，文中考察了 mimesis 概念在公元前 5 世纪前的出现，以及在柏拉图、亚里士多德、狄翁、西塞罗和斐洛斯屈拉特那里的模仿概念，但由于其中对于模仿概念的讨论所使用的文献主要是来自王柯平的文章《Μίμησις 的出处与释义》，而没有广泛参考西方学者关于模仿问题的研究成果，且对于柏拉图等人模仿概念的讨论仅限于对话集表面上的含义而没有深入其哲学思想的内部，因而关于这一问题的讨论并不深入。

概括而言，就目前为止，中国学者对于柏拉图的艺术模仿理论的研究还不够深入，一方面没有结合西方学者的研究成果和柏拉图本人的哲学思想进行深入讨论，另一方面没有对柏拉图的模仿理论观念含义的流变进行梳理和比对。因此，有必要对这一问题进行进一步的专门研究。

四、本书的资料情况

本书使用的资料主要包括两大部分，其一是关于柏拉图的资料，其二是关于西方学者对柏拉图论艺术这一问题进行研究的资料，其中就包括了对于柏拉图模仿理论的讨论和研究。现分别对本书掌握和使用资料的情况做一个说明。

1. 关于柏拉图的资料

关于柏拉图的资料包括柏拉图自己的著作和从哲学、伦理、政治等方面研究柏拉图的著作。关于柏拉图的对话集，本书主要参看的资料按其来源包括四个版本：《柏拉图全集》的两个权威的英译本，即周伊特（Jowett）的版本和库珀的版本[32]，尤其后者不断再版，是目前公认权威的英译本。朱光潜翻译的《柏拉图文艺对话集》主要依据的是法译本布德学会（Association Guillaume Bude）的《柏拉图全集》，而王晓朝译的《柏拉图全集》版本为"勒布古典丛书"（Loeb Classical Library）。此外，对于个别对话也参看目前学界公认的比较好的中译本，如：商务印书馆出版的《理想国》《巴曼尼德斯篇》、刘小枫译的《柏拉图的〈会饮〉》，以及刘小枫、甘阳主编的柏拉图注疏九卷集的部分译本，等等。关于研究和讨论柏拉图的资料，本书主要参看西方比较权威的研究柏拉图学者的著作，如：A. E. 泰勒、列奥·施特劳斯、施莱尔马赫、费勃等。需要说明的是，近年来以"柏拉图今解"为题出版了很多研究柏拉图的译著，本书关于柏拉图思想和哲学的研究参考了其中的大部分著作。

2. 关于对柏拉图论艺术这一问题进行研究的资料

本书参考的对柏拉图论艺术的研究资料主要为外文资料，目前为止在上文研究现状中提到的资料本书基本都已收集到，如：柯尔斯的《柏拉图与希腊绘画》、斯蒂芬·哈利维尔的《模仿的美学》、罗伯特·C.洛奇的《柏拉图的艺术理论》、克里斯托弗·詹韦的《杰出的图像：柏拉图对艺术的批评》等著作，载有相关文章的文集如：《柏拉图论艺术与美》《柏拉图论美、智慧与艺术》《古希腊的词语与图像》等，以及大量刊登在《古典季刊》《哲学》《政治学杂志》《英国美学杂志》《美学教育杂志》等外文期刊中的学术论文。

除此之外，在对柏拉图关于艺术问题进行讨论的时候，本书也会关注柏拉图时代希腊艺术的状况，因此，也参考了一部分关于希腊艺术的研究著作。目前国内专门对古希腊艺术进行介绍的著作还十分稀少，在20世纪80年代曾有少量几本翻译的著作出版，如：《希腊罗马美术》《希腊艺术鉴赏》《古代艺术史》等[33]，2000年以后出版的《希腊艺术与希腊精神》和《古代希腊罗马美术》都以艺术通史的简明形式对古希腊艺术进行了介绍[34]。此外，还有译著陆续出版，如：约翰·格里菲斯·佩德利的《希腊艺术与考古学》（2005年）、A. S. 默里的《古希腊雕塑史》（2007年）、F. B. 塔贝尔的《希腊艺术史》（2010年），等等[35]。其中，《希腊艺术与考古学》一书相对重要，不只是因为原书成书时间相对较晚（1998 年），而且其中还收录了大量的考古材料，而后两本则因为成书较早（19 世纪末和 20 世纪初），无论是观念还是材料都相对落后。由于国内资料相对缺乏，本书参考的主要是外文资料，包括马丁·罗伯森两卷本的《希腊艺术史》[36]、约翰·鲍德曼的《希腊雕塑》[37]、奈杰尔·斯皮威的《希腊艺术》[38]等相对较新的著作，以及相关的刊登在《剑桥考古学杂志》《凤凰》《哈佛古典学研究》《美国古典学杂志》《希腊研究杂志》等外文期刊上对古希腊艺术进行研究的学术论文。

五、对本书相关问题和结构设置的说明

在目前对柏拉图模仿理论的研究中关于模仿艺术的侧重点具有不同的倾向，其中大部分的研究是侧重于对模仿诗歌的讨论，只有较少的研究是针对模仿绘画来讨论的。本书在对于柏拉图模仿理论的研究中关注的艺术对象主要是绘画和雕塑，而不是诗歌、音乐等。因此，除在论述需要的情况之外，涉及诗歌、音乐方面的内容本书将不再进行讨论。

本书在第二章从哲学角度讨论模仿问题的时候，必然涉及对柏拉图哲学的理解和关注视角问题。从整体上看，柏拉图的哲学包括本体论、认识论和方法论（辩证法），本书所关注的不仅仅是他本体论的逻辑，同时侧重对他方法论的分析，关注柏拉图哲学思想的构架关系和他的论述方式，而不是专门局限于一些较小的概念。除此之外，本书在资料的使用中，对于柏拉图作品的真伪问题，所采用的是目前学界普遍认同为柏拉图自己的那些对话篇目，而对于存在较大争议的托名之作不进行考察；关于柏拉图对话的次序问题，历来是柏拉图研究中的一个重要问题，排序不只是简单的作品写作时间先后的问题，更是牵涉到对于柏拉图思想的一些基本判断，比如：柏拉图是否具有一个完整而宏大的哲学体系？对话内容是否经过了精心的设计？他的思想是始终如一的还是有一个发展和变化的过程（尽管这其中会出现前后的矛盾）？哪些观点是来自苏格拉底，而哪些又是他自己发展出来的思想？等等。只有对这些问题有一个基本的认识之后，才能展开对于柏拉图关于艺术模仿问题的讨论。

因此，这里要说明的第一个问题就是关于柏拉图对话篇目的排序问题。

古代学者对于柏拉图著作的整理首先是从分类开始，同时涉及辨伪的工作，如：公元前 3 至 2 世纪时拜占庭的阿里斯托芬、公元 1 世纪时亚历山大里亚的忒拉绪洛斯、公元 3 世纪的第欧根尼·拉尔修等人都对柏拉图著作进行了分类编纂，黑格尔也曾根据自己的哲学体系对柏拉图的作品进行过分类。进入 19 世纪之后，一批德国古典学家对于柏拉图作品的分类和排序问题进行了研究，提出不少重要的意见，著名的学者如：施莱尔马赫、阿斯特、赫尔曼等人，然而，他们的研究往往多是出于自己的主观性判断，难以取得共识。19 世纪后半叶以来，通过采用相对公认的考据方法，如：根据文体风格和语言、古代著作中的直接证据、对话中涉及的相关人物和事件或相互指涉的内容、苏格拉底在对话中的地位以及在对话中戏剧性成分的多少等这些方面综合考证，关于排序的问题已经取得了较为一致的共识。虽然不同学者的研究略有差异，但所涉及的也只是某几篇对话稍微靠前或靠后的问题，在很多根本问题上与之前相比已出现了重要的变化。比如，19 世纪的学者认为柏拉图在写作之时已经有一套完整的思想体系，而现在则普遍承认了古典哲学史研究的发生学方法，认为柏拉图的思想是一个逐渐发展的过程，他的写作时间前后至少经过了 50 年。尽管内容庞杂且偶有前后矛盾之处，但正说明了这是他思想不断修正和发展的表现，也由此产生了对柏拉图思想进行前、中、后分期的问题。再比如，以前学者往往把柏拉图的《理想国》看作是其哲学思想体系的核心，是他最成熟的作品，并按照其中的内容来认识和描述柏拉图的思想体系，其著名的"理念论"（又译"相论"）即来自这一时期的《斐多》和《理想国》，但实际上这只能看作是柏拉图中期的思想成果。在柏拉图后期的著作中，他的一些思想又发生了变化，这是探讨模仿问题时必须要考虑到的重要因素。

本书关于柏拉图对话次序的认识是参照康福德的《剑桥古代史》和格思里在《希腊哲学史》中的划分，这也是国内希腊哲学研究专家所普遍接受的一种分类方式，主要将柏拉图对话分为三期[39]：

早期对话：《申辩篇》《克里托篇》《拉凯斯篇》《吕西斯篇》《卡尔米德篇》《欧绪弗洛篇》《大西庇亚篇》《小西庇亚篇》《普罗泰戈拉篇》《高尔吉亚篇》《伊安篇》。这些对话基本上被认为是"苏格拉底的对话"，是柏拉图年轻时所写，尽管其中也有柏拉图的加工和发展，但主要反映的是其老师苏格拉底的思想。

中期对话：《欧绪德谟篇》《美涅克塞努篇》《克拉底鲁篇》《美诺篇》《斐多篇》《会饮篇》《理想国》（又译《国家篇》或《王制》）、《斐德若篇》。一般认为这个时期的柏拉图已经建立起了自己的哲学体系，判断的标准就是在《斐多篇》和《理想国》中形成了柏拉图的"理念论"。

后期对话：《巴门尼德篇》《泰阿泰德篇》《智者篇》《政治家篇》《斐莱布篇》《蒂迈欧篇》《克里底亚篇》《法篇》。柏拉图晚期的思想与之前相比是有所变化的，不仅他最为重要的"理念论"是如此，关于模仿艺术这一问题，从《理想国》到《法篇》中也出现了重大差异。因此，关注柏拉图思想的发展变化对于本书的讨论极为重要。

在正式进入本书对于模仿问题的讨论之前要说明的第二个问题就是关于柏拉图思想的阐释问题。历史上对于柏拉图思想各种各样的理解和解释其实都是一种阐释的重构，这不仅仅是关于其哲学思想的理解，即使是对话篇目的时间和排序这样的考据性问题也是如此，只不过存在程度的差异而已。18世纪末19世纪初的德国古典学者施莱尔马赫就在其柏拉图翻译引论中为我们提供了柏拉图思想阐释的典型例证。作为最早探索阐释学方法的学者，施莱尔马赫在对柏拉图思想的阐释中提出了一个重要的方法：通过柏拉图作品整体内在的思想结构和主题内容的逻辑关系去理解某篇具体的对话或其中的某个问题，也就是后来阐释学所强调的"阐释的循环"：一个部分的含义是由其所处其中的整体所决定的，而整体的含义又只能通过构成其自身的部分来理解。在对柏拉图对话的阐释中，施莱尔马赫强调，必须穿透文本的表象，"懂得恰当评价柏拉图作品的结构关系中重要的有意而为，懂得尽可能去推测"[40]，这样我们才能"比柏拉图理解自己更好地理解柏拉图"[41]。尽管施莱尔马赫的研究已经过去了200多年，但是他的很多结论在今天看来也是多有偏颇，如在《斐德若》引论中，他将这篇对话鉴定为柏拉图的第一篇对话，并认为"柏拉图哲学整体的萌芽就在《斐德若》中"[42]，而现代的研究则表明这篇对话属于柏拉图中后期的对话。尽管如此，施莱尔马赫对于《斐德若》的分析却是十分重要的，以往对于这篇对话的主题都认为是讨论情爱问题的，但施莱尔马赫通过分析提出这篇对话真正的主题在修辞术，而其核心正是"自由思考的艺术和教育传授的艺术"，即"辩证法"，"所有其他内容都是为此艺术或辩证法做准备"[43]。就这一方面而言，他的很多观点在今天也依然是十分重要和颇具启发意义的。

按照施莱尔马赫的思想，我们对于柏拉图的理解或阐释可以分为不同的层次：其一，存在一种柏拉图和读者都能分享的理解，根据狄尔泰的说法就是建立在表达主体和理解者之间相似性基础上的那种理解，简单而言就是我们直接从文本中读到的观点。其二，存在一种作者所特有的理解，而读者只能是试图去重构作者的思想。关于图宾根学派所提出的柏拉图的"未成文学说"即是从这个意义上生发出来的，而他们对于施莱尔马赫的批评也正是出自对于这一问题的不同理解。其三，存在一种读者所特有的理解，按照保罗·利科的说法，这一阶段对于文本的具体理解则是依赖于读者的自身世界、个人学识、性格及个体特征等。其实我们每个人对于某个具体问题的理解都是按照自己的知识形式，从自己的视角出发去把握对象的，所要努力的方向则是尽可能在第一个层面和第二个层面的理解都做得比较充分的基础上，从第三个层面进行进一步的理解，承认这一点是我们对于柏拉图关于模仿艺术进行讨论的逻辑基础。

本书对于模仿这一词语在文本中含义的不断追问"模仿"了美术史研究中图像学的方式，这既是一种结构上的类比，也是一种方法的借鉴。在第一阶段"前图像志"的层面上，本书是对模仿这个词语做最基本的识读，让我们进入柏拉图的文本，对其在文本中的含义做最基本的探讨，达到文本所基本呈现的作者和读者都能分享的理解。第二阶段，"图像志"的层面，是对这一词语在柏拉图的这一套哲学理论构架中的位置和含义进行分析与讨论，它并不只是我们在"前图像志"阶段所看到的含义那么简单，而是深入柏拉图哲学体系的架构之中作为其中的一个有机组成部分，如同一个图像符号在一个文化体系之中所具有的独特含义一般。本书在这一部分所要论述的就是它在这种结构层面上表现出的作用比早前表面含义所带来的理解上的"错觉"具有更为重要的意义这一问题，不仅就"模仿"本身来看是如此，对于"模仿的艺术"也同样如此。对于理解的层次而言，这一阶段是试图从模仿的视角重新看待柏拉图的

哲学框架和论述方式。在第三阶段"图像学"的层面上，我们所讨论的
问题将不会局限在柏拉图本人的思想范围之中，而是从柏拉图所提供给
我们的思想出发，通过关注艺术和思考艺术问题的"我"的视角，乘坐
艺术的方舟，进入到更为广阔的社会与文化问题的海洋之中。尽管我们
仍旧保持在艺术这座方舟的范围内讨论问题，但这些问题所生发的意义
和产生的影响将一直带领我们从古典时代的希腊漂流到今天。

 注 释

［1］　本书的"艺术的模仿理论"主要指的是关于绘画或雕塑艺术的模仿理
　　　论，并不是指古希腊涉及多方面内容的作为"技艺"的"艺术"观念，
　　　而是立足于柏拉图在其对话中所讨论的与"诗"相对应的"绘画的艺
　　　术"。因此，文中所讨论的关于模仿的问题，主要是针对柏拉图将绘
　　　画和雕塑界定为"模仿"这一问题而言的。

［2］　（德）黑格尔：《哲学史讲演录》第二卷，第151页。

［3］　H.Koller, *Die Mimesis in der Antike: Nachahmung, Darstellung, Ausdruck*,
　　　Berne: Francke, 1954.

［4］　G. F. Else, " 'Imitation' in the Fifth Century", *Classical Philology*,
　　　Vol.53(1958), 73−90.

［5］　Stephen Halliwell, *The Aesthetics of Mimesis: Ancient Texts and
　　　Modern Problems*, Princeton University Press. 2002.

［6］　G. Sörbom, *Mimesis and Art*, Uppsala, 1966.

［7］　J. Tate, " 'Imitation' in Plato's Republic", *The Classical Quarterly*, Vol.22
　　　(1928), 16−23.

［8］　J.Tate, "Plato and 'Imitation' ", *The Classical Quarterly*, Vol. 26, No.3/4 (Jul.
　　　− Oct., 1932), pp.161−169.

［9］　Rupert C. lodge, *Plato's Theory of Art*, Routledge, First published in 1953,
　　　issued in paperback in 2010.

［10］　Christopher Janaway, *Images of Excellence: Plato's Critique of the Arts*,
　　　Clarendon Press, Oxford, 1995.

［11］S. Halliwell, "The Importance of Plato and Aristotle for Aesthetics", *Proceedings of the Boston Area Colloquium in Ancient Philosophy*, Vol.5(1991), P328.

［12］Alexander Nehamas, "Plato and the Mass Media", in A.E.Denham edited, *Plato on Art and Beauty*, Palgrave Macmillan, 2012. P34.

［13］Alexander Nehamas, "Plato on Imitation and Poetry in Republic 10", in *Plato on Beauty*, Wisdom, and the Arts, ed. J.M.E. Moravcsik and Philip Temko, Rowman and Littlefield, 1982. P47−78.

［14］Eva C. Keuls, *Plato and Greek Painting*, The Trustees of Columbia University, 1978.

［15］Stephen Halliwell, "Plato and Painting", in N. Keith Rutter and Brian A. Sparkesedited, *Word and Image in Ancient Greece*, Edinburgh University Press, 2000.

［16］Stephen Halliwell, "Beyond the Mirror of Nature: Plato's Ethics of Visual Form", in A.E.Denham edited, *Plato on Art and Beauty*, Palgrave Macmillan, 2012.

［17］R.G.Steven, "Plato and the Art of his Time", *The Classical Quarterly*, Volume 27, Issue 3−4, July 1933.

［18］N. Demand, *Plato and the Painters*, Phoenix, Vol.29(1975), 1−20.

［19］R.G.Steven, "Plato and the Art of his Time", *The Classical Quarterly*, Volume 27, Issue 3−4, July 1933, P149.

［20］据说是来自萨摩斯的阿加萨克斯发明了"布景法"，使绘画具有了透视的效果。

［21］R.G.Steven, "Plato and the Art of his Time", *The Classical Quarterly*, Volume 27, Issue 3−4, July 1933, P155.

［22］关于美的讨论可参见 G. M. A. Grube, "Plato's Theory of Beauty", *The Monist*, Vol.37(1927), 269−288；C. Janaway, "Beauty in Nature, Beauty in Art", *British Journal of Aesthetics*, Vol.33(1993), 321−332，等等。

［23］吴献书译《理想国》，商务印书馆，1921 年版，1957 年重印。

［24］《柏拉图文艺对话集》，上海文艺联合出版社，1954 年 5 月第 1 版；

新文艺出版社,1956年11月第1版；人民文学出版社,1959年、1963年、1997年共出过三版；安徽教育出版社, 2007年4月第1版。

[25] 汝信：《柏拉图的美学思想：兼论亚里士多德对他的批判》,《哲学研究》, 1961年06期。

[26] 这类著作如北京大学哲学系美学教研室编《西方美学家论美和美感》,商务印书馆, 1980；阎国忠：《古希腊罗马美学》, 北京大学出版社,1983；袁鼎生：《西方古代美学主潮》, 广西师范大学出版社, 1995,等等。

[27] 王宏文、宋洁人：《柏拉图研究》, 山东人民出版社, 1991。

[28] 汪子嵩、范明生、陈村富、姚介厚：《希腊哲学史》第二卷, 人民出版社, 1993。

[29] 陈中梅：《柏拉图诗学和艺术思想研究》, 商务印书馆, 1999。

[30] 王柯平：《Μίμησις 的出处与释义》,《世界哲学》, 2004年第3期。

[31] 陈旭霞：《古希腊罗马视觉艺术中的"模仿"概念》, 南京师范大学2007届硕士论文。

[32] Plato, *The Dialogues of Plato*, Translated into English with analyses and introductions by B. Jowett, Oxford University Press, Third Edition 1892；Plato, *Complete Works*, Edited by John M. Cooper, Associate Editor D.S. Hutchinson, Hackett Publishing Company, 1997.

[33] （苏）科尔宾斯基等：《希腊罗马美术》, 严摩罕译, 人民美术出版社,1983。（意）弗拉维奥·孔蒂：《希腊艺术鉴赏》, 陈卫平译, 北京大学出版社, 1988。（德）温克尔曼：《古代艺术史》, 邵大箴译, 中国人民大学出版社, 1989。另外, 陈允鹤编著《希腊瓶画》, 人民美术出版社, 1987。该书以图为主, 仅在前言部分做了少量文字介绍。

[34] 邵大箴：《古代希腊罗马美术》, 中国人民大学出版社, 2004；李军：《希腊艺术与希腊精神》, 河北教育出版社, 2003。

[35] （美）F.B.塔贝尔：《希腊艺术史》, 殷亚平译, 上海人民出版社,2010；（英）A.S.默里：《古希腊雕塑史》, 张铨、孙志刚、刘寒青译,江苏美术出版社, 2007；（美）约翰·格里菲斯·佩德利：《希腊艺术与考古学》, 李冰清译, 广西师范大学出版社, 2005。

［36］ Martin Robertson, *A History of Greek Art*, Cambridge University Press, 1975.

［37］ John Boardman, *Greek Sculpture: The Classical Period*, Thames & Hudson, 1985.

［38］ Nigel Spivey, *Greek Art*, Phaidon, 1997.

［39］ 汪子嵩、范明生、陈村富、姚介厚：《希腊哲学史》第二卷，人民出版社，1993，第 641 页。

［40］ （德）施莱尔马赫：《论柏拉图对话》，黄瑞成译，华夏出版社，2011，第 66 页。

［41］ 同上。

［42］ 同上，第 106 页。

［43］ 同上，第 99 页。

柏拉图的眼光：
模仿与古希腊艺术

Plato's Vision:
Mimesis and Ancient
Greek Art

第一章
柏拉图关于艺术的模仿理论

模仿位于和真理隔着两个层次的第三级[1]。

——柏拉图

　　模仿一词，即 mimesis，来源于希腊语 μιμησις，在《希英大辞典》中的解释有两个含义：1. imitation，类似于复制意义上的模仿；2. representation，今天可译为表现、表象、再现或表征。但是这两个简单的译法却忽略了该词最为原初的一些使用语境和含义，比如作为戏剧的扮演或表演这一层含义。我们目前所使用的模仿这个词在柏拉图之前的希腊文本之中并没有形成一个具有固定形式、带有固定模仿含义的术语，而是在不同的语境中，以与 mimesis 相关的同源词或变体词即"模仿-语群"（mimeisthai-group）（或被称之为 mimos-group）[2] 的形式出现，在我们今天所理解的艺术理论中用于绘画或雕塑的静态图像或外形意义上的模仿，仅仅是大量其他用法之中的一小部分，而且是在后来才出现并固定下来的用法，所以在探究柏拉图对模仿的使用之前，首先就要梳理模仿在柏拉图之前的含义及其用法，唯此，方能理解在柏拉图文本中模仿的含义和变化。

　　追溯词源语义是一项极为艰巨的工作，不仅因史料考据的复杂，更是因为在词语的使用和转译过程中，所形成的语义链接近无限，从一个词语可以延伸出无数的其他词语，稍有不慎就会陷入漂浮的能指。因此，本书对于模仿语义的追溯有一些限定。首先，主要关注的是涉及绘画和雕塑，静态意义上图像的模仿的含义，这是与柏拉图在其对话中所针对的画家和雕塑家的评价观点直接关联的，也正是模仿的艺术理论最初生成之时所指代的对象；其次，仅追溯模仿（mimesis）本身的词源，对于由其所生发出来的其他词语则不再去考据；最后是词语的翻译问题，不同的词语会具有同一个含义，或同一个词语也会有不同的含义，比如：mimesis（模仿）至少包含 imitation 和 representation 两个含义，mimesis和 imitation 在中文中都译为模仿，而 representation 在中文中则很少译为模仿，而是译为表现、表象、再现、表征，等等，同样的译法会忽略词语含义的多样性，而不同的译法则代表着不同的使用语境和文化含义。模仿的翻译在柏拉图的著作中同样是个难题，比如：在康福德的英译本中主要译为 representation，他认为，通常译为 imitation 容易引起误解，因为我们不能说莎士比亚模仿了哈姆雷特的性格，而只能翻译为表现了某人的性格。所以，按照语境和对象选用恰当的表述是极为重要的。本书在阐述的时候不是笼统地称之为"模仿"，而是用"复制意义上的模仿"或"再现意义上的模仿"等这样的表述来表示其差异，并试图在梳理模仿这一词语含义的过程中，对这两种含义的模仿进行区分。

第一节

模仿在柏拉图之前的使用及含义

西方学者中较早对模仿（mimesis）问题进行重新解读的是德国学者埃里克·奥尔巴赫，他在其著作《模仿：西方文学中真实的再现》一书中把模仿的问题作为欧洲思想的一个核心要素来讨论[3]，由此引发了后来学者对于模仿问题重新关注和研究的兴趣。

德国学者科勒在其随后的文章《古代的模仿》中对 mimesis 一词的词源和含义进行了考据和分析[4]，他在其文中提出三点看法[5]：首先，模仿最初的含义并非一般意义上的模仿或复制、仿效（imitation），而是"表现、再现"（Darstellung 可英译为 representation）、"表现、表达"［Ausdruck（sform）可英译为 expression］、"心理形象的具体化"（Formwerdung des Seelischen）；其次，该词的用法最初仅仅是用于音乐和舞蹈，指的是其表现性的力量；最后，那种"复制意义上的模仿"（imitation）是后来才发展出来的，是将其含义进行了"稀释"以用于那些并不恰当的地方。科勒认为，人们长期以来把 mimesis 一词的最初含义看作"复制意义上的模仿"（imitation）是一个认识的误区，这个意思是随后才发展出来的。科勒的研究开启了学者对于模仿词源语义的研究兴趣，启发了后来许多学者对这一问题的讨论。

杰拉德·F. 埃尔斯在其稍后发表的文章《公元前 5 世纪的模仿》中对"模仿-语群"进行了较为细致的考据，并对前述科勒的研究提出了批评。他指出："科勒所用的很多材料都与模仿（imitation）本身的观念联系甚少；他提出的大量观点，在我看来是对于柏拉图和柏拉图之前时代的那些证据的误读，而且其他一些至少同等重要的材料也被忽视了。"[6]通过考据，埃尔斯认为，在公元前5世纪（柏拉图之前），表示模仿含义的mimesis形式很少，多以mimeisthai等形式出现，后者是从名词mimos派生出来的动词，而mimos（尽管与其同源词相比，该词形在当时也很少出现）的原意所指代的是模仿的行为本身（模仿的表演），而不是像科勒那样将其解释为"模仿演员"。埃尔斯认为，mimos这个词与源于西西里的一种戏剧——笑剧（即索福戒的笑剧或模仿剧，即mimes，该词为mimos的复数形式）密切相关。由于这种戏剧常常是对下层生活不加掩饰的直接模仿，因此，在雅典作家和爱奥尼亚作家那里都将其看作是一个粗俗的外来语，极少使用（比如在索福克勒斯那里没有任何与之相关的同源词）。[7]他反对科勒将模仿的语义限制在祭祀或仪式中的音乐和舞蹈，认为"复制意义上的模仿"（imitation）在早期也是存在的，只不过其原意是戏剧或类似于戏剧中的模仿。

埃尔斯还考据了mimos的几个变体词的用法：mimeisthai在埃斯库罗斯的剧作中出现了一次，指的是声音的模仿；在品达的诗歌中出现了三次，两次是指声音的模仿，一次是对动物行为动作的模仿。mimema在埃斯库罗斯的两个剧作残篇中各出现一次，都指代的是复制品（replica）。他进一步提出，正是在mimema的用法中，模仿的含义较早地与复制品、肖像、图像所具有的意思联系了起来。[8]也就意味着，静态图像的模仿这样的拓展性含义，在模仿的变体词中已经开始出现，但也是从西西里的笑剧（mime）所具有的"模仿的表演"这层基本含义发展而来的。所以，埃尔斯认为，在公元前450年之前，在爱奥尼亚和雅典地区，mimos仍然是一个稀有的词汇，但其衍生词mimeisthai和次一级的衍生词mimema则开始被使用。首先是一个最基本的含义：戏剧或主要指戏剧中的模仿或扮演（埃尔斯用miming表示），是"通过语言、歌或舞蹈对于动物或人的外表、行为或说话方式进行的直接再现"（direct representation）。在此基础上自然生成两个次级的衍生义：（1）一般意义上的对别人行为举止的模仿（imitation），并非实际的模仿，而是伦理意义上的模仿学习；（2）通过物质媒介（图像、雕塑）对人或物的模仿（replication）。[9]这两个次级的衍生义在后来的作家那里得到了进一步的发展。

　　通过上述学者的梳理，可以知道，作为后来模仿一词固定形式的 mimesis，最初的来源是名词 mimos，后来的学者如：埃尔斯、柯尔斯和哈利维尔等人都认同这一最初由科勒考据出的结论，但是对于科勒的分析和解读则有不同程度的批评和修正。埃尔斯认为："mimesis 一词出现于公元前 5 世纪后期，主要是在爱奥尼亚和雅典地区使用，其使用例证稀少，可能是爱奥尼亚人的一个发明，但却已经包含了上述三种含义（即上文所述的一个基本意和两个衍生义）。无论如何在柏拉图诞生之前，这三种含义就已经开始使用。"[10] 除此之外，其他地方对科勒的批评和修正上文已做出过说明。柯尔斯则对科勒的观点提出两点修正：首先，是认同埃尔斯对科勒的批评，认为 mimesis 在柏拉图之前的基本含义是扮演（enactment），但不是如科勒所言戏剧中的舞蹈占主导性因素，其核心含义是以节奏性的或其他的方式，通过动作或模仿来传达意义[11]；其次，科勒所强调的是 mimesis 本质上所具有的表现性的方式（或媒介）而不是表现的对象，但其实这一层含义是后来柏拉图所引入的一个根本性的变化，这种通过行为或模仿来传达一个抽象观念的含义是一个比喻性的拓展性含义，在柏拉图之前只是偶尔发现，但在柏拉图那里则成为专门用法，如《克拉底鲁篇》（423a-b）。[12] 哈利维尔的看法基本上是对科勒和埃尔斯的综合，他在其著作《模仿的美学》中总结道："'模仿-语群'之中最古老的词汇就是名词 mimos，到公元前 4 世纪之时，指代的是两层含义：既包括一种'笑剧或模仿剧'（mime）类型，也指这种剧中的表演者，专业化的笑剧演员。"[13]

　　至此，我们对于模仿（mimesis）一词的来源有了基本的认识，而对于在其之前"模仿-语群"的使用情况和不同含义，此后的瑞典学者索尔邦在其著作《模仿与艺术》中进行了更为全面和系统的梳理[14]。他总结了在柏拉图之前的历史学家、剧作家、诗人等著作中涉及"模仿-语群"使用的文献约有 63 处，包括埃斯库罗斯、品达、希罗多德、欧里庇得斯、德谟克利特、阿里斯托芬等人。通过对"模仿-语群"的使用状况进行了系统的梳理，他区分出了其中的 19 处用法，认为只有在下述语境中，"这些与'μίμησις'（mimesis）相关的词组在使用时总是以这种或那种方式与艺术作品联系在一起"。[15]

　　这 19 处用法如下[16]：

图1 《埃斯库罗斯像》，大
理石，高55cm，罗马卡皮托里
诺博物馆藏

（1）埃斯库罗斯（图1）（P Oxy，2162）："这个面具真
像我的容貌，的确是德达鲁斯的复制品（μιμημα）；所缺少的只是
声音。"这段残篇被认为来自埃斯库罗斯的一部萨提尔剧，描绘
的是一群萨提尔兴高采烈地抬着绘制而成的他们自己的图像或肖
像走向神庙，其中使用的是μιμημα（mimema）一词，H. J. Mette
的德译本将其译为画像（das Bilde），埃尔斯的英译为复制品
（reproduction）。此段在哈利维尔看来，其中所说的并非是一个
"面具"，而指的是一个"全身像"[17]，但无论如何，对于此
处模仿含义的理解影响不大。

（2）埃斯库罗斯（Frag，57 Nauck）："一位手握风笛，吹
出用指弹奏的乐调，听起来杂乱无章。另一位手拿铜钱，拍出当
当的声响，令人痛苦不堪，一群看不见、不知名、声如牛吼的模
拟演员（μιμοι），撕心裂肺地应声高喊；此时铃鼓的回音，犹
如地下滚动的雷声，轰隆隆令人胆战心惊。"在埃尔斯的文章中
认为，发出声音的这些人就是在酒神祭祀剧中幕后演奏"牛吼"
（bull-roarer）响板的表演者，他们在幕后是看不到的，只是用
乐器来模仿牛吼之声，但是他强调，"这段话所强调的是一种模
仿（imitation）的感觉，而不是模仿者（imitator）"[18]，而
原文中所罗列的都是乐器的声音，并没有演员在场。因此，模仿
所针对的既不是演员，也不是乐器，而是指如牛吼般"声音效
果"的模仿，将其解释为模仿者正是他批判科勒研究中所存在的
一个误区。此处由于对语法理解的不同，出现了两种解释：王柯
平在《Μιμησις 的出处与释义》一文中，对于索尔邦这段引文的
解释是将其理解为"模拟演员"，"这里的μιμοι一词，是μιμος
（mimos）的复数形式。英译文为 mimes，表示参与某种仪式表
演的演员。"[19]科勒也是按照同样的方式来理解，他明确问道：
"什么是μιμοι？"并解释为"酒神祭祀剧中的演员"[20]。但是
按照埃尔斯的分析，这里面有一个语法问题："ταυροφθογγοιμιμοι
= ταυρωνφθεγγομενωνμιμησεις"（意为如牛吼之声）[21]，所以他
认为，在埃斯库罗斯那里，"mimos指代的不是演员，而是模仿
的行为"[22]。由此对这段引文的正确理解，应是指对如牛吼般"声

音效果"的模仿。根据哈利维尔的梳理，这一段的英译有两种译法：一种译法是"bull-voiced... frightening mimoi"，就译为"如牛吼之声……可怕的表演者"；另一种译法则是"terrifying, bull-voiced performers bellow from somewhere out of sight"，就可译为"可怕的，表演者在看不见的幕后模仿出牛吼之声"，哈利维尔认为这是一种比喻性的翻译表达，因此认同埃尔斯的观点，赞同第二种译法。[23]

图2　《品达像》，大理石，罗马时代复制品，原作可能为公元前5世纪中期的希腊雕塑，那不勒斯国家考古博物馆藏

（3）《献给德洛斯岛阿波罗的荷马式颂歌》（Homeric Hymn to the Delian Apollo, 156—164）："在德洛斯岛的仙女身旁 / 出现一种伟大的奇迹——名垂千古，永垂不朽 /……她们开口先赞美日神阿波罗 / 同时颂扬勒托，还有喜欢射箭的月神阿尔忒弥斯 / 接着歌唱以往男男女女的所作所为 / 还有古时候部落先民的种种事迹 / 她们能够学说（μιμεισθ'）所有人的方言，还能唧唧呱呱地一起闲谈。人人都说他在尽情歌唱，认为自己甜美的歌曲如此接近真理。"其中学说一词为μιμεισθ'（mimeisth），是动词μιμεισθαι（mimeisthai）的缩略形式，埃维林 - 怀特（Evelyin-White）将其直接英译为imitate，意为模仿。

（4）品达（图2）的《皮提亚颂》之十二（XII. Pythian Ode, lines 18—21）："女神将她的忠诚追随者 / 从各种劳役中解救出来 / 试想发明一种多音部的风笛音乐 / 女神借助于音乐 / 能够模拟（μιμησαιτ）出惊天动地的叫喊声 / 就好像从女怪欧律阿勒的巨腮中迸发出来。"其中使用的μιμησαιτ（mimesait）是动词μιμειθαι的一种变位形式，约翰·桑蒂斯（John Sandys）将其英译为might imitate（或许可以模拟）。

（5）品达的《帕提农颂》之二（II. ParthenianOde, SnellFrag, 94b, lines 6—20）（图3）："我头戴花环，喜不自胜 / 飞快地拎起长袍 / 手捧一束鲜美的桂枝 / 高歌赞美埃拉达斯与其儿子帕贡达斯的家园 / 合着荷花排箫的乐调 / 我在歌唱时模拟（μιμησομ'）出海妖的迷人之声 / 赢得听众一片赞扬……"其中，μιμησομ'（mimesom'）属于μιμεισθαι词组的另一种动词变位形式，英译为mimic（模拟）。

（6）品达的《残篇》（Frag. 107 a snell）："在你拔腿赛跑时／在追随韵律的变化时／培拉斯基的赛马或阿米克拉的猎犬／成为你的榜样（μιμεο）／它沿着鲜花盛开的多提翁平原飞驰／寻求一种死亡的方式……"其中，F. H. 桑巴赫（F. H. Sandbach）把μιμεο（mimeo）英译为 model（榜样，即是模仿的对象）。

（7）希罗多德（图4）的《历史》（2.78）："在富豪的宴会上，一个男人在饭后行走一圈，手里捧着棺材里一具尸体的木头雕像，那是一个刻画得惟妙惟肖的摹本（μεμιμημενονεσταμαλιστα），有一两个肘尺的长度。他将此物展示给所有在场的宾客，逢人便说，'饮酒作乐，看看这个；各位死后，形同此物'。这便是埃及人饮宴时的风俗。"A. D. 高德雷（A. D. Godley）将包含有"模仿"成分的这个短语 μεμιμημενονεσταμαλιστα（memimemenon es ta malista）英译为 in exact imitation（惟妙惟肖或准确无误的摹本）。

（8）希罗多德的《历史》（2.86）："有许多人以此（木乃伊制作艺术）为业，身怀绝技。当送来一个死人时，他们就向运尸者展示不同尸体的木制模型，一个个刻画得惟妙惟肖（μεμιμημενα）；这些模型分为三等，工艺不同，价格不等，可供

上：图5　卢浮宫藏
埃及木乃伊小雕像

图6　科林斯柱式柱
头装饰

运尸者选择……"与上例一样，μεμιμημενα（memimemena）也被英译为 in exact imitation（惟妙惟肖或准确无误的摹本）（图5）。

（9）希罗多德的《历史》（2.132）："瞧那头牛，身上披着紫色的长袍，只露出牛头与脖颈，上面包着一层厚厚的金。在两个牛角之间，安着一个黄金的、日轮一样（μεμιμημενος）的东西。这头牛并非站着，而是跪在那里，与一头活着的巨牛一样高大。"其中，μεμιμημενος（memimemevos）指的是像太阳一般的一个金色圆形状物品。

（10）希罗多德的《历史》（2.169）："这是一座石砌的巨大廊柱，装饰华丽丰富，上面点缀的那些支柱，形如（μεμιμημενοισι）棕榈树。"其中 μεμιμημενοισι（memimemevoisi）中含有 μιμησις，被英译为 in the form palmtrees（按照棕榈树的形式，即模仿棕榈树的形式）（图6）。

（11）希罗多德的《历史》（3.37）："我要给那些没有见过它的人讲一讲，它的形状就像是（μιμησις）一个侏儒。"其中，μιμησις（mimesis）一般被英译为 likeness（相似），整句话即为 It is in the likeness of a dwarf（它就像一个侏儒）。

（12）欧里庇得斯（图7）的《伊菲格涅》（Iphegeneia in Aulis, 573—578）："帕里斯，你总算返回故乡 / 在这里你和伊达饲养的牲畜一起成长 / 你用潘神排箫吹奏出疯狂的乐调 / 吹奏出奥林帕斯的弗里吉亚调式用风笛所表现的那种效果（μιμηματα）。"其中，μιμηματα（mimemata）表示的是模仿的效果，英译者根据语境将其译为 representation（表现或再现的结果）。

（13）欧里庇得斯的《伊安》（Ion, 1427—1429）："雅典娜的礼物 / 老一套的做法 / 张着金口的蛇像 / 赠给床上的婴儿 / 这些蛇像都是从埃利希特涅斯的两条老蛇那里仿造（μιμηματα）出来的。"其中，μιμηματα（mimemata）的英译为 moulded from（模仿……而来），也可以译为 copied from（仿自……）或 imitation of（……的摹本）。

（14）德谟克利特（图8-1、图8-2）（Frag. Diels, 154）："人

左起：

图7　《欧里庇得斯像》，大理石，罗马时代复制品，原作为一件公元前330年的希腊雕塑，梵蒂冈博物馆藏

图8-1　古希腊哲学家德谟克利特

图8-2　《德谟克利特》，17世纪荷兰画家亨德里克·扬斯·特尔·布鲁根（Hendrick Jansz er Brugghen）创作，1628年，布面油彩，85.7 cm×0 cm，阿姆斯特丹国家博物馆藏

类最初开始从事不同的艺术时，并非是无中生有。他先观察各
种动物的劳作，惊叹它们处理各种问题的方式，然后自己决
定如法炮制。因此，人类采用动物处理问题的方式，通过效仿
（καταμιμησιν）动物的活动中学会了唱歌等艺术与技艺。"其
中καταμιμησιν（kata mimesin）译为 reenacted their（animals's）
actions（效仿／模仿动物的活动），表示一种学习或习得的模仿。

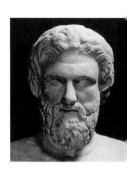

图9　《阿里斯托芬像》

（15）阿里斯托芬（图9）的《云》（Clouds，559）："依
样画瓢似的照搬（μιμουμενοι）我的鳗鱼比喻。"（aped my simile
of the eels）其中，μιμουμενοι（mimoumenoi）英译为 aped（盲目
模仿或照搬）。

（16）阿里斯托芬的《财神普鲁图斯》（Plutus，290—
292）："我忠实地扮演着库克罗普斯（του Κυκλωπαμιμουμενος）／
就像这样趿拉趿拉地一蹦一跳／走在前面给你们带路。"其中，
μιμουμενος（mimoumenos）一词的英译为 acting（扮演或表演）。

（17）阿里斯托芬在《地母节妇女》（Thesmophoriazusae，
850）中："我已经望眼欲穿，而我的诗人／'他不见踪影'。到
底为何？／他或许因为年老僵化的帕拉米德而感到羞愧／什么游
戏可以将他带来？啊，我知道／只有他眼中的新人海伦吧？我将
扮成海伦（Ελενηνμιμησομαι）／我有这位女人所用的衣服。"其中，
μιμησομαι（mimesomai）含有装扮、扮演的模仿含义。

（18）阿里斯托芬的《马蜂群》（Wasps，1017—1020）：
"他说过，你冤枉了他；在暗地里帮助其他诗人之前，他为你做
了许多善事，譬如运用（μιμησαμενος）欧里克利斯的先知与理解
能力，偷偷地溜进别人的腹中倒腾出许多笑料。"其中，罗杰斯
（Benjamin Biekley Rogers）把μιμησαμενος（mimesomai）翻译为
using（运用或使用），指的是像某人一样或模仿某人做某事。

（19）阿里斯托芬的《地母节妇女》（Thesmophoriazusae，
146—172），其中描写的是阿加芬（Agathor）与姆尼丝洛克斯
（Mnesilochus）之间讨论诗人与诗风的对话，"阿：我选穿的衣
服要符合我的诗才灵感／先生，一位诗人需要使自己的生活方式
／适应那些激活其灵魂的崇高思想／当他歌颂女人的时候／能抓住

女人的心思／能装出女人的派头。／姆：那你在描写菲德拉时，是否也养成她的各种习惯？／阿：当他歌颂男人的时候，他的整个外表／要符合堂堂男儿的相貌／人的灵魂总想效仿（μιμησις）我们没有的天赋。／姆：臧恩斯，你在描写萨提儿时，我要是亲眼看见那有多好！／阿：另外，作为诗人，永远不要野蛮或粗鲁／我的话不乏见证／阿那克瑞、阿尔瑟斯、埃卜克斯／他们温文尔雅，风度翩翩／所作的歌曲干净清纯／先生，你也许看见过弗里尼科斯／他仪表堂堂，衣着漂亮／所写的剧本是那样优美／真可谓文如其人。／姆：所以，粗野的菲洛克里斯为什么文笔粗野／鄙俗的克西诺克勒为什么文笔鄙俗／冷峻的特厄格尼斯为什么文笔僵化。／阿：此言不差，原来如此／我知道是什么把我搞得女里女气"。其中，μιμησις 的英译为 imitate（模仿或效仿），指的是诗人通过模仿来学习或习得。

通过将上述索尔邦所整理出的这些不同的用法进行归纳和分类，我们最终可以得出如下四种"模仿"的含义[24]：

1. 戏剧表演中声音的模仿。如引文（2）是戏剧表演中模仿牛叫的声音；（3）是对语言的模仿，也可以理解为是声音的模仿；（4）是女神用音乐模仿的声音；（5）是唱歌时模仿海妖的声音；（12）则是用一种乐器表现（或模仿）另一种乐器调式的效果。

2. 涉及行为动作的扮演模仿。如引文（6）是指行为动作模仿的榜样；（14）也是以学习为目的对动物行为方式的模仿；（16）指模仿希腊神话中的独眼巨人库克罗普斯走路的样子，是行为动作的模仿；（17）是模仿扮演海伦之意；（18）指的是像某人一样或模仿某人做事。其中（14）的独特之处就在于其用法暗示了一种人类学意义上最初的模仿含义。

3. 关于诗歌写作与修辞文学语言的模仿。如引文（15）阿里斯托芬曾在《骑士》（Knights，864—867）中把当时雅典某些蛊惑民众的政客比作捕捞鳗鱼的渔民，这里的语境所表达的是对那些剽窃自己语言成果的同时代作家的批评，认为他们抄袭（或模仿）了自己关于捕捞的鳗鱼比喻。其中的用法带有盲目模仿的意思，含有贬义。（19）指的是诗人的文学修辞通过模仿来学习或习得。

4. 涉及绘画和雕塑艺术的模仿。如：引文（1）是面具对人脸的模

图10　《勇士头像形
香水瓶》，希腊，公
元前600—前550年，
高6.5 cm，罗德岛
出土

仿；（7）（8）都是形容木乃伊制作中的木雕对人形的模仿；（9）
描绘的是在埃及看到的牛的雕塑，其上有一个模仿太阳形状的金轮；
（10）指的是柱头模仿棕榈树的样貌雕刻而成；（11）描绘的是在"海
帕伊司托斯神殿"中的一件神像雕刻，就像是侏儒的形状，也可以理解
为模仿了侏儒的形状；（13）描绘的是古希腊雅典的习俗，把金蛇雕像
作为礼物赠给新生儿做护身符，该段引文描绘的是包裹着新生儿伊安的
布料上所绣的两条金蛇图像，所以这里的用法可以理解为模仿金蛇的样
貌而制作的图像。除此之外，还有一处索尔邦没有列举出来的例子是：
欧里庇得斯［Frag. 57N（711 Mette）］，其中提到一件模仿了（μιμημα）
利伯尼亚人（Liburnian）[25] 斗篷的上衣。[26] 根据柯尔斯的分析，一
件上衣如何能和一件斗篷相似呢？最有可能的情况是这件上衣就是一块
平展的衣服，是对斗篷形式的有意模仿，才能具备利伯尼亚斗篷的功
能。所以文中的 μιμημα（mimema）所表达的意思就是外形相似的模仿。
（图10）

　　所以，就目前为止所发现的，在柏拉图之前古典文献中与"模仿-
语群"相关的用法里面，一共有8处直接指代的是绘画或雕塑艺术的模
仿。尽管具有这8处例证，但关于这层含义的用法却依然是不确定的，
我们发现上述例证之中只有希罗多德从这个角度使用得最多，但是在不

同的作家那里使用的变体词形，其含义和语境用法则全然不同，并没有形成一个具有这层含义的固定的词形和用法。因此，可以说在柏拉图之前，这类用法只是"模仿-语群"中多样与变动性用法中一种偶然性的类型，而我们真正关注的有关绘画与雕塑的模仿含义和用法，还需要进一步去柏拉图那里寻找。概括而言，在这一用法中，最为重要的因素有两点：其一，是关于静态图像的模仿；其二，是相似外形的模仿。尽管在柏拉图的著作中，上述四种类型中其他三类用法和含义依然存在，但是这一用法和含义在柏拉图那里却得到了进一步的确定和发展。不少情况下，他关注的问题也是以绘画或雕塑作为实例，从这两层含义出发去探讨问题的，也正是出于这一点，他对于艺术模仿理论的建立有着根本性的影响。

第二节

柏拉图关于绘画或雕塑模仿的使用及变化

通过上文的整理，我们对于柏拉图之前在希腊文本中对"模仿"使用的情况有了基本的认识，这四种基本的含义和用法包括：1. 戏剧表演中声音的模仿；2. 涉及行为动作的扮演模仿；3. 关于诗歌写作与修辞文学语言的模仿；4. 涉及绘画和雕塑艺术的模仿。这些用法在柏拉图之前的希腊作家那里都已经出现了，所以，首先需要明确的是，柏拉图所面对的是一系列已经存在的具有模仿含义的词语群和不同的用法，关于"模仿"的观念并不是他自己的发明，尤其是运用模仿来简单表示绘画所创造的图像与其对象之间的关系这一点也并非是柏拉图的首创。但是，在另一方面，前人的这些用法在很多情况下又是偶然的、简单化的、个人化的和不确定的，这种不确定性或多或少也影响到了柏拉图，在他的著作中，模仿的上述用法也是混杂存在的。然而，柏拉图对于模仿的使用却不是简单化和偶然性的，而是一种经过发展了的有意使用的术语。他不仅仅对这一术语的使用和含义做出了发展和变化，同时还将其与一些更为宏大和关键性的内容相联系，比如他的哲学架构、认识论、论述方法等，对于后者本书将在第二章详细展开。本节主要讨论的是柏拉图对于绘画和雕塑艺术的模仿含义的使用和变化问题，首先需要厘清的是，柏拉图在他不同时期的对话中对于艺术的模仿问题究竟做了哪些评价，进而把关注的中心放在绘画或雕塑这样的艺术形式的模仿问题上，探讨柏拉图在这一层面上，究竟对绘画模仿这一观念做了怎样的拓展。

首先，我们需要简单梳理一下在柏拉图从早期到晚期的著作中，有哪些对话涉及了关于绘画和雕塑艺术的模仿，将其中较为重要的言论总结出来是进一步论述的基础。

早期的对话《普罗泰戈拉篇》讲述的是希腊著名的智者普罗泰戈拉来到了雅典，他在那里享有盛誉。在一位热切渴求智慧的青年希波克拉底的怂恿之下，苏格拉底前往拜访，并与之就美德及其组成部分的问题展开了一系列争论。普罗泰戈拉比苏格拉底大一辈，在哲学史上被视为智者运动的代表人物，所谓智者，实际上是一批公开收费带学生，教授演讲、辩论、诉讼、修辞以及治理城邦相关知识的职业教师。这一批人是被苏格拉底及其追随者柏拉图以及后来的亚里士多德等人所批评反对的，在柏拉图的很多对话中智者都是批评的对象和论辩的敌人，然而这篇对话中却并非普罗泰戈拉的全然失败，相反他的不少论述是全面而精彩的，反倒是苏格拉底的论辩带有诡辩色彩，时而还出现赌气和厌倦的情绪。在这篇对话中，有不少地方提到了当时著名的雕塑家和画家，比如其中提到在阿戈斯的波留克列特斯或雅典的菲狄亚斯那里可以学到雕刻的能力[27]，又提到赫拉克利亚的著名画家宙克西波[28]，这些都反映出柏拉图对当时著名艺术家的了解情况。在与模仿相关的使用中，有一处谈到画家所懂得的知识是"与绘制相似事物有关"；[29]还有一处提到了孩子的教育，通过学习好诗人的作品，"对古代的善人进行颂扬，这样一来，孩子们就会受到鼓舞而去模仿他们"[30]。

在柏拉图的中期对话中，较早的《克拉底鲁篇》讨论的是语言的起源问题，其中也有不少谈到了绘画的模仿问题。如谈到画家的模仿，是"按照他画的东西所需要的颜色来着色"[31]；他还将画家的技艺与立法家进行类比，认为有好与差之分[32]；柏拉图还区分出了两种模仿——图像的模仿和语词的模仿，两者"在模仿事物时的属性和用法是不一样的"[33]；另一处较为重要的地方强调了形象与形象所代表的真实事物之间的差异问题，其中说道，"如果形象能在任何具体一点上都表现出整个实际事物，那么这个形象也就不再是形象了"，因此，形象与形象所代表的真实事物相差甚远，否则就会出现两个完全一样的实际事物这样的谬论[34]。柏拉图还进一步以绘画所创造的"图画的形象"为例进行说明："如果绘画的颜料在性质上与被模仿的事物没有一点儿相似之处，那么人们怎么能够创作出一幅画来。"由此，得出的结论是两者应

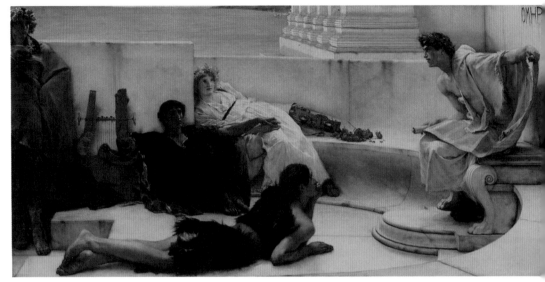

该具有某种程度的相似，也就是外观的相似。[35] 这一观点看似简单，在艺术的模仿问题中却是极为重要的，它涉及了柏拉图对于绘画或雕塑所创造出来的形象与真实对象的认识问题，本书将在后面展开分析。

同样属于中期对话的《理想国》是在柏拉图艺术模仿理论的讨论中引用得最多的材料，也被视为是柏拉图最为重要的一篇对话。《理想国》的主要内容是从苏格拉底对正义之人和不正义之人的讨论开始，在这个讨论过程中试图构建一个理想的城邦国家，不仅是为这样一个国家和处理公共事务的国家机关确定一些标准，同时也是在为人生确立标准。该篇对话分为十卷，其中涉及艺术模仿问题的主要是卷二、卷三和卷十。

《理想国》（卷二）中谈道，理想的城邦，"需增添许多人，以满足那些非必需的各种需要。……要有各种专事模仿的艺术家，他们模仿形象与色彩……"[36] 还需要注意的是，这一卷中对诗人赫西奥德和荷马大加贬低，他说："我指的是赫西奥德、荷马，以及其他诗人所讲的那些故事。这些人编造了假故事，讲给人们听，而且至今还在流传。……他们是虚假的，这是首先应当痛加谴责的，尤其是撒谎还撒不圆。"并给出理由："一个人如果不能用语言描述出诸神与英雄的真正本性，那就好比画家画出来的肖像与真人一点也不像。"[37] 之所以要注意这一点，就在于此后柏拉图对于模仿艺术的批评多是结合模仿的诗人来谈的（图11）。

图11　19世纪的荷兰裔英国画家劳伦斯·阿尔玛-塔德玛根据想象绘制的古希腊人阅读《荷马史诗》的场景。劳伦斯·阿尔玛-塔德玛：《阅读荷马》，1885年，布面油彩，91 cm×183 cm，费城美术馆藏

　　《理想国》（卷三）开始就对作为诗人代表的荷马大加批判，认为其诗篇中的很多内容不适宜讲给年轻人，举了许多例子并说明应该加以禁止。柏拉图明确提出："悲剧和喜剧都是模仿。"[38]在谈到语言所承担的教育责任问题时，以绘画为例，说："绘画中肯定有许多品质……在这些事物中都有美好与丑恶。"出于理想国的规范，他认为"必须监督其他艺人，禁止他们在绘画、雕塑、建筑，或其他任何艺术作品里描绘邪恶、放荡、卑鄙、龌龊的形象。如果不服从，那我们就要惩罚他们，不让他们在我们中间施展他们的技艺……"[39]需要注意的是，到此时为止，柏拉图开始对绘画加以限制，但却没有说要全然地把绘画和雕塑的艺术驱逐出理想国。

　　《理想国》（卷十）开篇即提出了那个著名的"三张床"的理论：即由神创造的作为类型的理念的床、由工匠制造的作为实物的现实的床，以及由画家描绘的作为图像的虚构的床，虽然他最后以画家作为例子，说明了画家的作品"和那本质隔着两层"[40]"绘画是对影像的模仿"[41]，但需要我们关注的是，每一个类似的结论之后，柏拉图都会接着把笔锋一转，把上述结论引向"悲剧及其领袖荷马"，即模仿的诗人，随后，又更为明确地把画家与诗人做了类比："从荷马开始的诗人这一族都是美德影像的模仿者，或者是他们'制造的'其他事物影像的模仿者。他们完全没有把握真相，而是我们刚才所说的那种画家。这种画家本人虽然对鞋匠的手艺一无所知，但能画出像是鞋匠的人来，只要他自己以及那些只依据外形和颜色判断事物的人觉得像鞋匠就行了。"[42]也正是从追求真理的这个角度来说，柏拉图宣称："模仿位于和真理隔着两个层次的第三级。"[43]在文中，柏拉图也明确说明了这种类比的论述："把诗人拿来与画家并列，因为像画家一样，诗人的创造真实程度很低。事实上，他的创作诉之于灵魂的低劣部分，而非诉之于灵魂的最佳部分，这是另一个相同点。我们终于可以说，不让诗人进入治理良好的城邦是正确的，因为他会把灵魂的低劣成分激发、培育起来……"[44]在这段相关内容的最后，柏拉图结束了对诗歌的讨论，他说："总结一下我们的申辩，肯定我们确实有很好的理由把诗歌从我们的城邦里驱逐出去，因为诗歌确实具有这样的特点。理性要求我们这样做。但为了不让诗歌责怪我们过于简单粗暴，让我们进一步对它说，哲学和诗歌之间的争吵古已有之。……我们也要允许诗歌的拥护者用无韵的散文为它申述……我们将仁慈地聆听他们的申诉，如果他们能够说明诗歌不仅带来快乐，而且带来利益，那么诗歌显然对我们是有益的。"[45]通过上文概要性的梳理可以看出，这一段关于绘画模仿问题的著名观点所发挥的作用是对于模仿的诗人的一种类比。同样，我们需要注意的是，柏拉图在文中只谈及了将诗人逐出理想国，尽管如此，在最后还是留下了让诗人申辩的机会，但是并没有提及绘画的归属问题。此后，文章转向了对灵魂的讨论，强调了灵魂对智慧的热爱，并讨论了其与正义和不正义之间的关系。

属于柏拉图晚期作品的《智者篇》其实并没有为作为职业教师的智者做出一个真正全面的描绘，仍然是把他所否认的一些观念放在智者身上，以作为自己批评的对象。该篇对话主要的目的在于论证：非存在不可能存在这一论题，由此进一步稳固了他所坚持的理性思维的根基。对话中也有一些地方涉及了绘画的模仿问题，但就内容来看，可以理解为是对较早的《克拉底鲁篇》中关于绘画模仿问题（即关于模仿所产生的形象与形象所代表的真实事物之间的差异问题）更为详细的解释和进一步的发展。对话中柏拉图仍然坚持认为图像与它所描绘的那一类事物的相似，只是在某些方面的相似，而且仅与正在谈论的那些事物相类似而已。与之对话的泰阿泰德争辩道："但是相似的东西具有某种存在"，也就是强调了只在形象上是对真实（真的存在）事物的模仿（形象的存在），换句话说，在其他方面与真实事物并不相似[46]。此后，柏拉图明确对艺术的模仿进行了说明："模仿确实是一种生产，只不过它生产的是影像，如我们所说，而非各种原物。"柏拉图把技艺划分为生产性的和获取性的，认为智者属于后一类，他还以绘画为例，认为绘画的图像"就像为清醒的眼睛人为地制造了一个梦境"[47]。此后柏拉图还对模仿进行了分类："我们把受意见引导的模仿称作'恣意的模仿'，而将受知识引导的模仿称作'熟知后的模仿'。"并说："与我们相关的是前一类，因为智者并不属于那些有知识的模仿者，而属于好学样的小丑。"[48]除此之外，柏拉图在论述的过程中还谈到了雕塑家或是画家在模仿相似之外的一些创造性的活动，比如在谈到模仿是制造相同东西的时候，他说："那些制作巨大尺寸的雕塑家或画家就不是这样。如果他们按照精美原物的真实尺寸进行再造，那么你知道的，上部看去会显得太小，而下部看去会显得太大，因为上部离观察者远，下部离观察者近。……所以，艺术家们抛弃真相，在造像时不按照原物的真实尺寸，而只要造出来的像显得美丽。"[49]通过这段描述，我们似乎可以发现，柏拉图对于当时的绘画或雕塑创作中的一些基本原理还是了解的，尽管他并没有明确说绘画的模仿究竟是哪种类型的模仿，即生产性的还是获取性的？或者是恣意的模仿还是熟知后的模仿？但根据他的语境做出相应的推论却是不难的，显而易见，绘画和雕塑的模仿在其分类中应该是属于生产性的模仿，而且是受知识引导的"熟知后的模仿"。

晚于《智者篇》的《政治家篇》，一般也被认为是柏拉图最重要的对话之一，如本篇题目所示，柏拉图在这篇对话中试图为政治家寻找到一个确切的定义，与之前的《智者篇》相似，他在文中不厌其烦地进行了大量细致的分类，但在探寻政治家定义的同时，也在追问政治家的技艺究竟是一种什么样的技艺，什么样的统治是最好的统治，以及何种政体形式是最适宜的。这篇对话中也有一些涉及柏拉图对绘画或雕塑模仿的言论，比如其中在讨论政治家定义的时候说道："我们的定义似乎也像一幅图画，尽管已经有了轮廓，但还没有很好地体现原本，还有待于进一步恰当地着色，保持色彩间的平衡。然而，请记住，一个用词语表达的定义对一个生灵做出的描述比一幅绘画或任何模型更好。所谓更好的描述，我指的是对那些能够追随这种定义的人而言，而对那些不能追随这种定义的人来说，模型或可见的例证就已经足够了。"[50]这清楚地表明，绘画在柏拉图那里是一种常见的类比方式，而且柏拉图对于绘画的了解似乎并不少，同时对于哲学家（像柏拉图自己）而言，词语的方式比视觉的方式要更好，但这却并不是一种孰优孰劣的判断，而更多的是说明表达方式和认识方式的差异而已。正如他在后面所说的："对最高的、最重要的那一类存在来说，它们没有相应的可见的相似性，它们的性质不会清晰地展示给关注它们的人。"[51]这里实际上说明的问题是，对于那些最高的存在而言，比如他的理念，需要用抽象化的方式去把握和认识，比如这里提到的词语的方式，而不能仅仅通过形象认识到。此后柏拉图在分类中，"把所有关于装饰、绘画、造型的技艺全部包括在内，这些技艺生产艺术形象……所有这些技艺生产出来的东西都只是为了提供快乐，全都可以恰当地归为一类，用一个名称来表示——
'娱乐品'。"[52]然而，这种归类却并不是一种价值判断，因为在他
所罗列的"初加工的原材料放在第一位，然后依次是工具、器皿、运输
器、防护物、娱乐品、滋养物"[53]。这样的排序，并不是一种优劣的
划分。另外，需要注意的是其中一处关于模仿的使用，在谈到某种极为
优良的政治体制的时候，柏拉图提出了一种"得到上苍的恩赐而拥有政
治智慧和统治能力"，"由纯粹理智伴随着"的"真正的体制"，"我
们必须把其他所有体制视为仅仅是对这种真正体制的模仿"[54]。在这里，
模仿成了一种定位某个对象的方式，一种解释问题的表述方法。

　　《法篇》被认为是柏拉图在去世前若干年内所作的最后一篇对话，
本书的主题是探讨一种优秀的制度应该具有什么样的法，尽管这并不是
在探讨一个理想的国度，因为理想国中根本不需要法，而需要法来统治
的国家定然有不正义之处。此时的柏拉图已经不再像以前那样一味地追
求和推进纯粹的知识，而是把塑造人性当作国家的首要任务，但依然坚
持只有知道了什么是正义，才能成为正义的人，这一点仍然是《理想
国》思想的延续。对话中只有少数几处谈到了绘画或雕塑的模仿问题，
比如其中一处谈到了埃及的情况，"他们把各种类型的发明集中起来，
把样品存放在神庙里。除了按照传统模式创作，禁止画家和其他设计艺
术家发明新的模式，这项禁令仍旧存在，适用于这些艺术以及音乐的各
个部分。如果你观察他们各处的绘画和雕塑，你会发现一万年前的作
品——我这样说不是粗略的，而是准确的——既不比今天的作品好，也
不比今天的作品差，二者表现出同样的风格"[55]。通过这个例子，柏
拉图要说明的问题在于："这是因为埃及人无比信任他们的立法者和政
治家。"[56]还有一处与《政治家篇》中的类比方式相似："既正确又
错误的论证就像一幅令人困惑的图画，看起来好像是错误的，但从相反
的视角看它是正确的，从一个不正义的、邪恶的人的角度看，它是快乐
的，但从一个正义的人的角度看，它是最不快乐的，在双方眼中，一切
都正好相反。"[57]在探讨对绘画图像的理解问题时，柏拉图说道："一
个人作为任何象征（无论是绘画、音乐，还是其他艺术部门）的有理想
的判断者必须具备下列三种素质：首先，他必须理解象征物的象征意义；
其次，象征物如何象征才是正确的；再次，也是最后一点，如何用语言、

旋律或节奏很好地进行象征。"[58] 这段话是极为重要的，可以将其理解为柏拉图对绘画或雕塑的模仿所产生的艺术品的一个较为系统的判断。最后一处较为重要的言论是谈到了画家的创作过程："你知道画家在画一个人物的时候，他的笔好像从来不会有画完的时候，他会不断地为它着色或润色，或者无论用什么专业术语表示的某个过程，但似乎永远都不能抵达那个时刻，此时这幅画的美丽和活力已经不能再增强了。……假设一位画家的意愿是想要画一幅非常美丽的画，美得无法更美了，几年过去了也不会褪色。但你知道，由于这位画家不是长生不老的，因此他必须培养一名继承人，能够修补时间给这幅画带来的损害，而这名继承人要能够给这幅画润色，或者是尽管画家付出了巨大的劳动，但其效果很快就发生了变易。"[59] 同样要注意的是，这段话的目的在于类比立法家制定法律的情况。实际上，这段话包含了几方面的内容，这不仅仅是关于绘画本质的一种比喻，同时涉及他对绘画在理想国中存在与否的基本意向，具体分析本书将在后面相关问题的论述中展开。

至此，本书对柏拉图对话中涉及绘画或雕塑的模仿问题较为重要的言论已经做了一个大致梳理，这一问题在柏拉图这里的情况也就相对清晰起来。就使用方式而言，通过比较可以发现，在柏拉图之前的用法中，模仿多是一种随意、口语化的表述，而到了柏拉图这里，则是在其著作中经常作为书面化的概念而出现，他将其从一种口头语的表达转化为了书面语。[60] 而从模仿所具有的多种含义来看，柏拉图在继承前人方式的基础上也做出了一些整合，他在固定了某些用法的同时，也逐渐淡化了其他的一些用法。就这一点而言，有学者从文化人类学的角度做出了一些研究，提出：在早期原始文化的模仿含义中，模仿者与被模仿者之间是一种原始混沌的同一性，而到了柏拉图这里就开始裂变为模仿者与模仿对象之间的差异和对立，从而以知识学遮蔽了原始模仿文化的内涵。[61] 这一观点认为模仿活动原始混沌的同一性具有以下特点：首先，模仿是作为原始初民适应、改造环境的一种生存手段；其次，以图腾崇拜为例说明模仿与模仿对象的同一性；最后，在原始社会的精神生产中，模仿既是手段又是目的。通过与柏拉图的知识学诉求相对比，认为正是基于知识学立场，柏拉图放逐了模仿，解构了原始混沌的同一性，而基于伦理学立场，柏拉图又不得不接纳模仿，建构新的同一性。应该说，上述研究看到了模仿含义在柏拉图这里差异性的出现是敏锐的，但对问题的讨论却过于笼统和简单化了。正如柏拉图在其哲学思想中所强调的：虽然辩证法和论辩术都是探究"一"和"多"的关系，但论辩术是简单地直接将"一"归为"多"，或将"多"归为"一"；而辩证法却是细致地探究"一"和"多"之间的各个中间环节，真正认识"一"和"多"之间的复杂关系[62]。模仿的含义的确在柏拉图这里发生了重要的变化，但这种变化却是复杂和微妙的，从原始文化中模仿的含义到柏拉图对话中模仿的含义之间的差距是明显的，但在柏拉图之前那些希腊作家的文本（如上文所引用的那些段落）中所使用的模仿含义也早就与原始文化中模仿的含义有了巨大差异。因此，这种跨越式的比较实际上是不对称的，不仅忽视了柏拉图之前希腊文本中模仿含义的多样性，同样也将柏拉图文本中模仿含义变化的复杂性简单化了。鉴于此，本书将尽可能地循着柏拉图的文本和思想发展的线索去探究这些"中间环节"，将柏拉图模仿含义的变化及其原因呈现出来。

按照埃尔斯的观点，模仿的初始含义主要指的是戏剧中的扮演，尽管在柏拉图那里，这一层含义及其用法依然存在，但是却使用得比较少，而对于其"第二级的拓展"含义，即"通过物质媒介（图像、雕塑）对人或物的模仿"则使用得很多，同时还将其含义进行了拓展和深化。所以，应该说在柏拉图的著作中，"模仿"，尤其是关于绘画或雕塑艺术的模仿，已经被柏拉图发展成了一个经常出现的具有相对固定含义的概念或术语。当然，这种变化并非一蹴而就，通过上文所梳理的柏拉图从早期到晚期的对话就可以发现，模仿的观念其实也是一个不断丰富和深化的过程。正是伴随着柏拉图思想的发展和变化，模仿的含义及其译法也逐渐由"复制意义上的模仿"（imitation）转化成了"再现意义上的模仿"（representation），对于我们考察绘画或雕塑艺术的模仿问题，这一点至关重要。

通过上文的梳理，我们可以发现，这一转化实际上分成两个阶段：第一阶段可称之为"模仿-差异性阶段"，即柏拉图在其对话中不断强调模仿的差异性特征，从而改变了原来概念中模仿所带来的模仿对象与模仿产物之间的同一性特征，由此，对"复制意义上的模仿"这一常有的思维方式进行了否定；第二阶段则可称之为"模仿-再现性阶段"，在强调差异性的基础之上，柏拉图又进而探讨了模仿，尤其是绘画或雕塑的模仿所带来的那种可变性和不确定性，他关注图像所具有的象征性问题，以及观者对其象征性含义的识别等问题，从而将一个模仿的产物永远地与原型区分开来，使模仿成为原型的一个再现或象征。

（1）模仿-差异性阶段

在柏拉图之前的作家那里，如本章第一节中所引用的埃斯库罗斯或希罗多德的那些段落，对于模仿的产物关注的都是其与对象的相似性，一个模仿品与原型之间的同一性被视为是一件值得赞美的事情，比如，埃斯库罗斯的第一段文献（P Oxy，2162）中，萨提尔对于它画像的相似模仿是高兴的赞美，但赞美的对象是这种模仿的技艺。而在柏拉图这里，同一性却变成了一种欺骗性的"原罪"，他的立足点并不在于判断技艺的好坏，而在于探寻模仿的产物与"真理"之间的距离。所以正是在柏拉图的对话中，他开始关注和探讨这种模仿的差异性问题。

在早期的《普罗泰戈拉篇》中，柏拉图仍然延续了前人对相似性的关注，比如其中简单地谈到画家所懂得的知识是"与绘制相似事物有关"[63]。但很快在其中期对话《克拉底鲁篇》中就花了不少笔墨去探讨模仿的形象与形象所代表的真实事物之间的差异问题，他认为两者只是在某种程度上相似，即只是外观的相似。此后在《理想国》中，柏拉图进而对这种差异进行了系统化的分析，通过"三张床"的理论，柏拉图不仅清楚地说明了模仿差异性的存在，同时也通过一种由高到低的价值判断把模仿的差异性关系永久地固定了下来。由此，一个差异性的模仿在柏拉图那里便具有了基本的面貌，其中模仿的图像与理念隔了两层，位于价值结构的最底层。当然，柏拉图对于模仿差异性的强调并不是一种偶然，而是基于其知识学立场所做出的一个重要的论断，这一点需要将模仿放到柏拉图的整个哲学思想框架中去审视，本书将在后文中就此进行继续讨论，此处仅关注柏拉图对于模仿差异性的强调这一变化。

（2）模仿-再现性阶段

柏拉图的晚期著作《智者篇》是模仿的差异性阶段到模仿的再现性阶段转型的一个关键性篇目，在这篇对话中，清晰地反映出柏拉图关于模仿问题思想的变化。

　　《智者篇》中通过与泰阿泰德的争论，柏拉图对之前所做出的模仿差异性的论断进行了进一步的强调，即模仿的事物只是在形象上是对真实事物的模仿，而在其他方面与真实事物并不相似。接着，他对这一问题进行了进一步的探讨，尤其是对于模仿进行的分类："我们把受意见引导的模仿称作'恣意的模仿'，而将受知识引导的模仿称作'熟知后的模仿'。"[64] 显而易见，在对话的论述中，绘画或雕塑的模仿当然是属于"受知识引导的模仿，即'熟知后的模仿'"，这一点通过他在文中所举的制作巨大尺寸的雕塑家或画家按照上大下小的原理制作画像或雕像这一例子就可以清楚地得到说明。这个例子不仅仅说明了柏拉图在此时开始关注技艺的问题，意识到了在技艺，尤其是绘画模仿的技艺之中同样也存在知识的引导，从而为他重新看待绘画或雕塑的模仿问题提供了一个重要的证据，即这种类型的模仿，不再只是和真理隔了两层这么简单，而是也有其自身追求的对象："只要造出来的像显得美丽"。尽管柏拉图依然认为它"抛弃了真相"，但却没有说追逐美丽有什么不好。所以这篇对话中所反映出的变化就在于，柏拉图对之前所提出的"差异性"又进行了进一步的分解，"差异性"不仅来自"知识的引导"，同样也来自"美丽"的目标。尽管他没有明确说这个美丽的目标来源于什么，但至少，绘画或雕塑的模仿在这里已经不只是和原型存在差异这么简单了，而是除在外观的相似之外，还需要有知识的引导去构成相似部分之外的其他部分。这里面的变化就在于：《智者篇》之前模仿的差异性含义所强调的仅仅是两者之间的不同，而到《智者篇》中，柏拉图在坚持模仿差异性的同时开始认可模仿所带来的相似性。尽管这似乎又回到了差异性之前的相似性这一基本含义，但实际上这种既"异"又"同"的含义在此时却是一种新的发展，是对"模仿"这一术语意义的复合型拓展。当然，这是伴随着柏拉图辩证法思想的发展才形成的，这一方面本书在后面将集中讨论。无论如何，从《智者篇》开始，差异性的模仿在柏拉图那里开始转化为再现性的模仿，尽管这只是一个微妙的转化，而且"再现"这个含义在这里还并不是特别的丰富，但在此后的对话中，柏拉图又对构成"再现"最为重要的"象征性"进行了进一步探讨。

在《法篇》中，柏拉图开始对模仿所带来的象征性问题进行了具体的分析，他认为判断象征性的含义需要有三种素质："首先，他必须理解象征物的象征意义；其次，象征物如何象征才是正确的；再次，也是最后一点，如何用语言、旋律或节奏很好地进行象征。"[65]这段话实际上可以理解为是柏拉图在晚年对于绘画或雕塑的模仿所生产的艺术品的一个重新认识，他不再是简单地判断优劣与真伪，而是试图去认识和把握模仿所带来的这种象征性含义，或许他也看到了象征性的重要，希望在自己构想的城邦中能够对其加以利用。柏拉图在后面谈到画家创作的那段话其实很有象征意味："你知道画家在画一个人物的时候，他的笔好像从来不会有画完的时候……似乎永远不能抵达那个时刻……尽管画家付出了巨大的劳动，但其效果很快就发生了变易。"[66]这就如同说，绘画或雕塑的模仿所带来的图像是其所模仿对象的一个再现，一个象征，它永远不能抵达对象，就如同康德所说的太阳下山，无论采用何种方式将其表述出来，但其效果很快就发生了变异，成了永远也无法到达真实的那个漂浮的再现。柏拉图已经老了，从这些话中也能隐约听出他对自己一生追求知识与真理的感慨，对于他来说，作为一个爱智慧的哲人，智慧和真理似乎也是一个永远都不能抵达的时刻。《法篇》中所谈论的已不是一个理想的城邦，而是一个现实的世界，这意味着他的整体思想立场开始转向了对现实世界的关注。模仿艺术不只是"三张床"这么纯粹了，柏拉图在他最后的著作中，开始让模仿回到了现实的世界，成了现实世界的一个再现，一个值得去研究和探讨的象征。

讨论柏拉图关于绘画或雕塑模仿的使用及变化情况，实际上是一个贯穿于本书各个部分的核心问题，换句话说，本书的每一章节其实都是在试图从不同的角度去分析并回答这个问题。上文通过对文本自身的讨论已经从"字面含义"对这一问题做出了相对详细的说明，这里有必要进行总结。

在柏拉图的著作中，模仿从一个多样化的口头语演变成了一个具有一套观念和思想的书面语，一个相对专门化的术语。同时，模仿的含义也发生了变化，尽管其原初含义"戏剧中的扮演"有所保留，但作为次级衍生义"通过物质媒介（图像、雕塑）对人或物的模仿"则开始大量使用。在柯尔斯的研究中，主要强调的就是模仿的原意："无论是人还是神，对于行为或体验的扮演，这一层含义在柏拉图的用法中始终存在，在《理想国》及其之前和之后的对话中都可以看到。"[67]的确，模仿的原初意和衍生义在柏拉图的著作中都有所保留，从戏剧的扮演到一般意义上的行为、动作、音乐、舞蹈的模仿，在柏拉图的著作中都存在，但却不能掩盖对于模仿含义的进一步推进和变化，柯尔斯之所以强调这一点的目的在于将柏拉图批评的对象诗歌与绘画区别开来，这也是本章第三节所要讨论的一个问题，此处暂且不论。但是，如果要关注柏拉图使用模仿词义的变化，并把柏拉图从早期到晚期关于模仿的观点综合起来看，就会看到这种变化的差异之大。柏拉图关于绘画或雕塑模仿含义的变化首先从关注模仿的差异开始，他颠覆了前人关于模仿的同一性认同，即复制意义上的模仿，强调模仿之物与其对象之间的差异，进而从差异中看到了模仿所包含的知识性引导的因素以及象征性的问题，使模仿的含义从复制转化为了再现。当然，这种含义的变化并非相互间的替换，而是一种共存性的拓展，不可否认的是在有的地方他仍然在复制的意义上去使用模仿。

　　除此之外，关于模仿的使用柏拉图还有一些其他的变化，比如：他把绘画或雕塑的模仿与视觉的感觉方式联系了起来，并将绘画或雕塑所产生的作品看作是一种把握世界的感性认识的代表；绘画或雕塑模仿在他的著作中开始逐渐成为一种典型的例子，一种用于类比的论述方式等，这些问题都直接涉及柏拉图哲学思想的认识论和方法论。对此，本书将在第二章进一步展开。

第三节

柏拉图对艺术模仿的评价

通过上文的梳理和分析，我们已经对柏拉图在其对话中关于绘画或雕塑模仿的使用和基本含义有了大致的了解。然而，在展开进一步讨论之前，柏拉图的文本却给读者留下了一个巨大的疑问：柏拉图究竟对绘画和雕塑持怎样的态度，真的是一种否定性的批评态度吗？这种艺术在柏拉图那里是否就是要被逐出理想国呢？本节在此就集中厘清这一问题。

大部分学者之所以认为柏拉图对绘画或雕塑这样的艺术形式持否定性批评态度，主要的依据就是柏拉图把绘画或雕塑的本质视为模仿，而证据则主要来自《理想国》，尤其是卷十中的"三张床"所设定的价值评价体系。然而，通过对柏拉图文本的细读和上下文关系的判断，我们发现，尽管柏拉图经常把艺术与模仿联系在一起讨论问题，但并没有形成一套完整而固定的理论教条，正如柯尔斯所强调的那样："柏拉图并没有形成关于绘画的任何具体教条，他对其既没有什么深刻的认识，甚至对其也不感兴趣。"[68] 本书认同柯尔斯前半句的判断，但却对其后面的结论持保留态度。事实上，通过本书第二节的梳理，我们可以清楚地看到柏拉图不但熟悉当时或较早时期著名的画家和雕塑家，甚至对于绘画或雕塑的一些技术情况也有所了解。尽管绘画或雕塑并不是柏拉图对话中关注的重点，常常是作为例子和类比的材料而出现，但柏拉图对其认识绝不是肤浅的，尤其是考虑到他晚期著作中对于绘画或雕塑模仿问题思考的变化，即使这样的思考并不系统化，但对于艺术模仿的理论而言却是极为重要的。本书对于这一问题的考察所遵循的一个原则就是放在柏拉图的思想逻辑及其发展变化的过程中去考虑他所讨论的对象，而对于其中关于绘画或雕塑问题的关注则属于一种症候式的阅读，后者服从于前者。因此，对于这一问题的解答首先要从还原《理想国》中涉及绘画的语境开始。

《理想国》（卷十）开篇就说："我确实认为我们对这个国家的建构是完全正确的，尤其是对诗歌的处理。……这个国家要拒绝接受大部分诗歌，因为它们是模仿性的。"[69] 很清楚，文章针对的对象就是模仿的诗歌，如文中所说的"悲剧及其领袖荷马"就是"模仿的诗人"的典型代表，而并没有明确说针对绘画或雕塑。而且在文中，柏拉图也明确地说明了关于画家的讨论是对于诗人的类比："让我们不要只相信从绘画的类比中得出来的看法，而要转过来面对模仿的诗歌所诉诸的那部分心灵，看它到底是卑贱的还是高贵的。"[70] 他还说："把诗人拿来与画家并列，因为像画家一样，诗人的创造真实程度很低。事实上，他的创作诉之于灵魂的低劣部分，而非诉之于灵魂的最佳部分，这是另一个相同点。我们终于可以说，不让诗人进入治理良好的城邦是正确的，因为他会把灵魂的低劣成分激发、培育起来……"[71] 所以，自始至终，这篇对话所讨论的对象都是模仿的诗人，他说"哲学和诗歌之间的争吵古已有之"[72]，但却不是哲学和绘画之间的争吵，尽管在最后，他说到要把模仿的诗歌赶出理想国，但柏拉图也绝不是一概而论，他是有所区分和留有余地的，仍然允许模仿的诗人为自己做一个辩护。事实上，无论是诗歌还是绘画，在柏拉图那里都是有所区分的，其中有好的也有恶的，在《理想国》（卷三）中他就明确说了："绘画中肯定有许多品质……在这些事物中都有美好与丑恶。"而所要禁止的只是那些"描绘邪恶、放荡、卑鄙、龌龊的形象"[73]，而不是一个一概而论的莽撞判断。无论如何，柏拉图在文中始终没有说要把画家和模仿的诗人一并赶出理想国。所以，其实对于绘画模仿这一问题，在《理想国》中是十分模糊的，尽管他说明了这种"模仿"的性质，但对于绘画或雕塑的归宿却是悬置的。若是根据柏拉图的论断来推论，最多也是对那些描绘了"邪恶、放荡、卑鄙、龌龊的形象"持否定性批评态度，要将其赶出去，但绝不是全然的否定和禁止。

事实上，柏拉图在批评模仿的诗人时所面对的问题是：当时的希腊诗人在公开场合朗诵诗歌是带有表演性质的，他们会模仿诗句中不同角色的喜怒哀乐，甚至行为举止等等，如柏拉图所说："诗人本人除了知道如何模仿外一无所知，他们只是在用语句向那些听众绘声绘色地描述各种技艺，而听众和他一样对他描述的事物一无所知，只知道通过言辞来认识事物……"[74] 柏拉图所看到的问题，一方面，在诗人的引导下观众看到的只是一个描述的世界，而不是真正去了解对象本身。由于柏拉图认为通过诗人的语言不可能把握到真理和事实本身，从而模仿的诗歌在某种程度上就成了对观众的一种误导。另一方面，在于他针对的是当时通过诗歌来教育大众的问题。在当时希腊城邦的教育中，史诗尤其是像赫希俄德的《神谱》或《荷马史诗》这样的作品都是需要儿童学习背诵的，比如柏拉图也在对话中说到他自己对于这些史诗都是耳熟能详可以背诵的。考虑到其中一些"不良内容"会对儿童的成长起到负面的作用，因此对于这些模仿的诗人大加批评。当然，批评的对象中还有那些教授徒弟收取学费的智者。因此，在这样的逻辑关系中，柏拉图对于绘画或雕塑的那些说明自然是对于诗歌的一种类比。当然，我们也不能得出绘画的地位高于诗歌这样的结论，如果真的要追问绘画的地位属于哪一级的话，或许在《斐德若篇》中可以看到柏拉图的态度。

同样属于中期著作的《斐德若篇》一般认为作于《理想国》之后，其中柏拉图在谈到灵魂的再生时，根据其看到真理的多少把不同身份的人由高到低分为了九种层次："在第一次再生时，灵魂不会投生于任何兽类，而会投生为人，那些看见了大多数真实存在的灵魂会进入婴儿体内，婴儿长大以后注定会成为智慧或美的追求者，或者说成为缪斯的追随者和热爱者。这是第一类灵魂。第二类灵魂看到的要少些，投生为人后会成为守法的国王，或者成为勇士和统治者。第三类灵魂投生为政治家、商人或生意人。第四类投生为运动员、教练或医生。第五类会过一种预言家或秘仪祭司的生活。第六类最适合成为诗人或其他模仿性的艺术家。第七类将会过一种匠人或农人的生活。第八类成为智者或蛊惑民众的政客。第九类则成为僭主。"[75] 通过这样的层级关系，或许我们可以看出绘画或雕塑这样的艺术家在柏拉图那里的地位，尽管排名第六属于较低的层级，但是和诗人是属于同一个层级的，而且比工匠和智者的地位要高。所以，通过这样的关系我们至少可以清楚两点：首先，在柏拉图那里，诗歌和绘画或雕塑这样的艺术是同一个层级的，但是"在这些事物中都有美好与丑恶"，所以柏拉图并不是一概而论，而是有得其精华而取之，择其糟粕而去之的意思；其次，在柏拉图那里，画家和雕塑家这样的人并不属于工匠一类，尽管他们都具有某种技艺，但绝不是同一种人，艺术家比工匠高两个等级，他们是"受知识所引导的"，因此能够较工匠看到更多的真理。明确这两点，可以厘清不少长期以来的误解。

另外，需要注意的是，关于这一段里面艺术家的译法在《柏拉图全集》的不同译本中是不一样的，在早期周伊特（Jowett）的版本中翻译为 imitative artist[76]，而在库珀的版本中则译为 representational artist[77]，这也说明了对于模仿的含义在当时的翻译中并没有做出有意识的区分，而是根据译者自己的理解混用。其实，两种译法都来源于希腊语中的模仿一词，只不过对于模仿含义的倾向不同而已。由于《斐德若篇》作于《智者篇》之前，根据本书上一节的分析，此时的模仿并没有转化为再现意义上的模仿，仍然属于复制意义上的模仿，也可笼统地译为"模仿性的艺术家"（王晓朝的中译本即如此）。但是在柯尔斯的著作中则称之为"creative artist"即"创造性的艺术家"[78]，尽管原文的字面意思就是"诗人或其他模仿性的艺术家"，但柯尔斯称之为"创造性的"是有其所指的。她特意区分了艺术家的类型，不是柏拉图所反对的那些模仿的艺术家，而是创造性的，只不过这样的称呼太过于随意，因为在柏拉图的对话中并没有明确强调艺术家的创造性这一层含义，这一点需要明确，这也是柏拉图与其同时代人关于绘画或雕塑艺术看法一个重要的不同之处，本书后面还会对这种差异进行对比。

在对《理想国》中关于艺术评价的问题进行清理之后，接下来一个重要的问题就是如何面对柏拉图的晚期著作。除《理想国》之外，很多学者都认为在柏拉图的晚期著作中表现出了对于绘画或雕塑更为明显的敌意。关于这方面最为典型的是柯尔斯，她认为柏拉图"在晚期对话中对于绘画艺术的敌意在日益增强"，而且这些"对于绘画的轻蔑或鄙视是独立的表达，并不是出于比喻的修辞"[79]。她举出了三篇对话作为例证，分别是《泰阿泰德篇》《政治家篇》和《法篇》，下面有必要对这三篇晚期对话做进一步的考察，是否真如柯尔斯所言是针对绘画独立的鄙视。

在上文对柏拉图对话进行梳理的过程中，并没有把《泰阿泰德篇》列入其中，因为这篇对话中涉及绘画或雕塑这类艺术问题的言论极少，然而在柯尔斯那里，却看到了柏拉图对于绘画表现出蔑视的线索，因此有必要就此进行讨论。《泰阿泰德篇》主要记录的是苏格拉底、塞奥多洛和泰阿泰德三个人围绕什么是知识这一问题展开的讨论，但对话最终也没有为知识下一个确切的定义，我们只在其中看到了知识不是什么。这篇文章以苏格拉底和泰阿泰德长相相似开始，而苏格拉底对此予以反驳，理由是得出这一结论的塞奥多洛并不是画家，而是几何学家。[80]柯尔斯据此认为这"暗示了绘画被排除出了'教养'的观念"[81]。当泰阿泰德首次尝试定义知识的时候说："比如你刚才提到的几何，以及其他所有的科学，此外还有皮匠和其他匠人的技艺。知识就是这些东西中的某一种或者全部。"[82]而苏格拉底则对此进行了否认，并在后面说：手工匠人的技艺是低劣和粗陋的[83]。柯尔斯认为，这说明，在柏拉图那里，唯有几何学是"真正的'知识'的对象"[84]。她认为这里所说的工匠技艺包含绘画在内，尽管柏拉图并没有在文中提到绘画。

尽管如此，上述这些言论其实并不能说明柏拉图对于绘画的态度。首先，对话中有一个著名的比喻可以说明这篇对话的核心，即苏格拉底在文中说他像自己的母亲一样是一个接生婆，把思想从人的心中接引出来，然后检验其"思想的产物是一个虚假的怪胎，还是包含生命和真理的直觉"[85]。而对于他自己来说则不能产生智慧。"接生婆"是对于哲学家一个典型的比喻，哲人作为爱智慧者并不代表智慧本身，而是在不断地追求智慧和思想，这篇对话对于知识定义的追问本身就是一种抽象的、对于智慧本身的追问，所以对话最终没有关于知识的定义是合理的，如果能够将知识定义，那柏拉图自己也就成了类似于"智者"一样的人物。所以，追求抽象智慧的形式是本书的主题，模仿的绘画并不包括在内，即使是开头否定塞奥多洛的那句说辞也与之并不相关。首先，因为柏拉图在此所强调的是技艺的专业性，也就是说只有画家才能识别和判断两个形象的相似性，而数学家则不能，在柏拉图看来，只有具备专业技艺的人，才能就与本技艺相关的问题提出看法，否则就变成了像智者一样的人物；其次，柯尔斯把文中所提到的工匠的技艺等同于绘画模仿的技艺，这是一种误解。上文讨论的《斐德若篇》中已经把绘画或雕塑这类模仿的艺术与工匠的技艺区分开来，并且比之高两个等级，而在此之后写成的《泰阿泰德篇》不会出现再度将两者等同的意思，更何况柏拉图在文中根本就没提到绘画模仿和工匠技艺的关系，所以可知在《泰阿泰德篇》中出现的对于绘画的"敌意"是不存在的。

《政治家篇》中涉及绘画问题的言论在上文的梳理中已经进行了全面的清理，柯尔斯的论述所引用的段落上文均已包括，此处不再赘述。在柯尔斯的论述中，主要强调的是柏拉图提到的在表达方式中词语方式和形象方式之间的差异（即277C），尤其是其中说到"一个用词语表达的定义对一个生灵做出的描述比一幅绘画或任何模型更好。所谓更好的描述，我指的是对那些能够追随这种定义的人而言，而对那些不能追随这种定义的人来说，模型或可见的例证就已经足够了"。柯尔斯据此认为："绘画的艺术也就被归为头脑简单的一类。"[86]然而，如果我们对原文的对象进行仔细区分的话，就会发现柏拉图在这里针对的是理解问题的人而不是表达的方式，问题在于那些"不能追随这种定义的人"而不在于绘画或雕塑，因为这只是一种不同于词语的表达方式。所以，柏拉图在这里所要说明的是，要去认识某一个对象，需要采用恰当的方式，而不是在判断不同方式之间的优劣关系。关于在这段引文的语境中柏拉图所追问的对于政治家的定义，文中说对于这一定义"已经有了轮廓"，但还需要做更为恰当的描述，于是他举了一个小孩刚刚学习字母的例子，并问道："要能引导他们前进，取得那些尚未获得的成绩，应当使用什么样的最早的和最好的方法呢？"通过描述教师如何采用例证的方法让小孩子顺利地识别字母，柏拉图强调了应该使用恰当的例证方法去探讨政治家的定义。[87]所以，上述引文所说明的问题在于选用合适的方式去探讨某一问题的重要性，而不在于强调形象方式与词语方式的优劣关系，进而也就不是在对绘画或雕塑这种艺术的形式表达贬义的判断。后面提到的"娱乐品"的分类目的在于把国王的技艺与其他形形色色的技艺区分开来，也不在于说明技艺之间的优劣之分，因此，同样也不能作为判断的依据。

《法篇》中涉及绘画或雕塑艺术的地方在上文也做了较为详细的梳

理，尤其是 769 这一段谈论画家作画的情况，在柯尔斯看来，这是柏拉图对艺术的"贬义更为直接，事实上也是对话中对绘画最具贬义色彩的一段"[88]。然而，她对这一段的讨论除通过个别词语做出的颇具感情色彩的推测之外，并没有从实质内容上证明这种贬义的存在。这里需要进行说明的是另外一段[89]，柏拉图在讨论中对于城邦中公民只能从事一种职业进行了规定，认为"人的能力绝不适宜同时从事两种职业或手艺"。柯尔斯的引文是柏拉图在这段的第一句："首先，本国人或本国人的奴仆，都不能把实践某种手艺作为他的职业。"并认为这段话"是《法篇》中表达贬义色彩最为明显的一处"[90]，但实际上紧接着这句话柏拉图就说了："因为公民已经有了一种职业，从不断进行的练习和与这种技艺有关的广泛学习来看，从保存和享受社会公共秩序来看，这种职业完全需要他——这项任务的重要性决不可视作第二位的。"所以，柏拉图的意思是公民只要一心一意地投入一项职业中就好，强调的是对某一手艺的专业性，不能既是铁匠又是木匠，不可分心去做别的事情，并不是说不许公民从事任何手艺，而柯尔斯的论述却忽略了这个语境，贸然理解为不让公民去从事绘画这样的工作，事实上柏拉图在这段讨论中根本就没有提到绘画。另一处，柯尔斯的引文涉及对于技艺的评价，柏拉图说："技艺本身也是这些动因的后续的、晚近的产物，像它的创造者一样是可灭的。技艺的开端始于用一些真实的物体来制造某些玩具，技艺的产物就像技艺本身一样是一些幻影，这就是绘画、音乐以及其他一些类似技艺的作品。"[91] 如果就这一段单独看来，绘画属于技艺的一个种类，似乎的确可以理解为柏拉图明确表达了对于绘画的某种贬义色彩，然而，如果放在这段话的语境之中，就会发现这种表述是相对恰当的，因为柏拉图在这里拿技艺所比较的对象是自然和命运："火、水、土、气的存在全都可以归结为自然和命运，而没有一样可以归结为技艺"，而且它们产生"整个天宇以及其中的一切"。的确，与柏拉图世界观中构成世界的本源"火、水、土、气"这样的本质性元素相比，技艺当然是次级的产物了，不仅是技艺，对于人类的其他所有发明也都无法与自然相比较，所以这样夸张的比较对于我们探讨绘画在柏拉图眼中地位的问题并不具有参考性的意义。因此，归结起来，柏拉图在这里的比较都是把技艺作为一个整体与其他构成整个世界的宏大主题进行讨论，更何况，通过这样的比较柏拉图所说明的是立法与绘画一样，也是一种技艺，"是一件非自然的事情"。

至此，关于柏拉图对绘画或雕塑的态度我们已经进行了较为详细的梳理，也对其中认为柏拉图对绘画持贬义批评态度的一些观点进行了再探讨。通过本书的分析，可以发现柏拉图实际上并没有对绘画或雕塑这类模仿的艺术真正表达出贬义的批评态度，在柏拉图那里，没有无缘无故的爱，也没有无缘无故的恨。而且，无论是理想的国度还是现实的城邦，柏拉图始终没有明确说要把绘画或雕塑不加区分地逐出理想国，而是出于各种各样的逻辑和语境对绘画或雕塑这类模仿的艺术进行了一些说明和判断。因此，我们惯常所认为的柏拉图将绘画和雕塑逐出了理想国，实际上是一个巨大的误解。

至于为什么没有真的做出这样的驱逐，出于逻辑我们或许也可以做出一些推测。一方面，柏拉图对于这类模仿的艺术是有区分的，其中有好的一面也有坏的一面，他不会进行一概而论的判定。而且，这些话题是柏拉图讨论问题一个重要的例证，甚至是构成他哲学架构的重要组成部分，故而不会把这类模仿的艺术驱逐出境。另一方面，柏拉图之所以没有贸然宣称要把绘画或雕塑排除在外，或许也是因为当时的绘画和雕塑主要还是为了敬神服务的。如果将表现诸神样貌的绘画和雕塑作品逐出理想国，也就意味着要把所有的神像都清理出去，那么他就犯下了亵渎神灵之罪，而这样的罪责在当时的古希腊则是可以处死的重罪，这在柏拉图也是不可能为之的。

就讨论方式本身而言，通过上述分析，我们可以发现，在讨论柏拉图关于绘画或雕塑模仿问题的时候，一个非常重要的问题就是要区分在柏拉图思想表述中的优劣关系和层级关系。优劣关系指代的是同种性质的事物，柏拉图在其中区分出好的也有不好的，主张用好的替代差的，有时候也表述为"美的""善的"取代"低劣的""粗俗的"等；而层级关系指的是对于一个体系而言，构成它的各个部分之间的差异，在柏拉图那里，体系可以是一个理念的世界，也可以是一个现实的城邦，尽管柏拉图设定了一个从低到高的价值差异，但这样的层级差异并不意味着一种替代的关系，一个物的理念或相并不能取代一个现实之物，而现实之物的存在也不意味着图像存在的多余，三者之间并不是一种可替代的关系，而是构成一个体系不可或缺的组成部分，尽管柏拉图的表述有时在层级关系中会出现优劣关系的措辞，但这类措辞所表达的仅仅是他以理念为参考进行的价值差异的表述。所以，我们在讨论关于艺术的模仿问题的时候，首先必须要区分出对话内容的表述是属于优劣关系还是层级关系，很多认为柏拉图对绘画或雕塑持蔑视或批评态度的学者，就是没有在讨论中区分出这种差异，从而导致了某种程度上的误解；其次是要关注引文所在的语境，区分出柏拉图通过这样的表述所要说明的是什么问题，只有这样才不会有断章取义之嫌。

　　总的来说，到目前为止，本书所解决的只是关于绘画或雕塑的模仿这个词语在柏拉图那里使用时所具有的字面上的含义这一问题。然而，我们的讨论却不能停留在此，因为严格地说，单纯地讨论词语是没有意义的，词语的意义只有在文本语境中才能出现。因此，只有回到这个词语所牵扯的一整套思想或知识的体系之中，才能对这个词语有更为恰当的认识。通过上文的分析和讨论，我们可以看出，在柏拉图的对话中所涉及的绘画或雕塑的模仿问题，基本上都是属于层级差异的表述，尽管这里面有价值高低的设定，但这一点却是与其哲学思想的架构相关。在探讨模仿这一词语含义的时候，我们也会逐渐发现一些新的问题，比如既然模仿在柏拉图的体系之中属于一个较低的层级，那他为何还要在论述中反复地提到和运用这一术语呢？尤其是在阐述其最为重要的理念论的时候，模仿甚至成了建立这一体系的重要结构方式。我们很难设想，如果不是通过模仿，理念的世界如何和现实的世界建立起联系，而现实的世界又该如何转化为图像的世界。再比如，通过《斐德若篇》中的分类我们可以知道，哲学家名列第一，而包括绘画和诗歌这样的模仿艺术在柏拉图那里属于一个较低的层级，但为何在对话中，距离智慧和真理最近的哲学家却要反复地提及绘画呢？绘画或雕塑这类模仿艺术不断地作为一个被征引的例证反复出现，类比的对象有诗人、立法家，还包括一些抽象的概念，如关于某一概念的定义，等等。这就说明，在柏拉图对话中的绘画并不仅仅代表绘画本身，绘画或雕塑在其自身之外还被柏拉图赋予了一些其他的意义，而究竟这又是一些怎样的意义，在柏拉图的语境中发挥怎样的作用，这就不能仅仅通过探讨词语的含义这个简单的方式来解决了。所以，这些在探讨过程中逐渐浮现出来的新问题，在本章结束的时候，又将我们引向了一个新的方向，让本书可以在厘清词源和文本的表象之后，将其放入柏拉图的哲学框架之中进行再考察，唯此，才能对这一问题有更为全面和深刻的认识。

 注 释 ....

［1］　《理想国》（卷十），602C，中译本参见王晓朝：《柏拉图全集》第二卷，人民出版社，2002，第623页。

［2］　科勒和埃尔斯称之为 mimeisthai-group，柯尔斯称之为 mimos-group。Eva C. Keuls, *Plato and Greek Painting*, The Trustees of Columbia University, 1978, P10.

［3］　Erich Auerbach, *Mimesis: The Representation of Reality in Western Literature*, Trans. W.R.Trask. Princeton: Princeton University Press, 1953.

［4］　H. Koller, *Die Mimesis in der Antike*, Berne, 1954.

［5］　根据杰拉德·F.埃尔斯的整理，参见 G. F. Else, " 'Imitation' in the Fifth Century", *Classical Philology*, Vol. 53(1958), 73-90, P73.

［6］　G. F. Else, " 'Imitation' in the Fifth Century", *Classical Philology*, Vol. 53(1958), P73.

［7］　柯尔斯在其《柏拉图与希腊绘画》一书中，对埃尔斯的看法做了修正和补充说明，她认为，由于 mimos 的一个同源词 mimicry 在戏剧中十分广泛，甚至含义拓展到了隐喻性的层面，这就说明，虽然埃尔斯认为 mimos 具有"下层滑稽"的轻蔑意味，但这层意味却并没有拓展到其同源词之中。（Eva C. Keuls, Plato and Greek Painting, The Trustees of Columbia University, 1978, P15.）实际上，埃尔斯在文章中已经明确说明了，对于 mimos 的偏见并没有扩展到它的衍生词如 mimeisthai 和 mimema 之中。（Else, 1958: 76.）但柯尔斯却提出，没有什么证据可以说明这种"轻蔑"的态度。（Keuls, 1978: 15.）

［8］　G. F. Else, " 'Imitation' in the Fifth Century", *Classical Philology*, Vol. 53(1958), P78.

［9］　同上，P79.

［10］　G. F. Else, " 'Imitation' in the Fifth Century", *Classical Philology*, Vol. 53(1958), P87. 按照哈利维尔的说法，名词"mimesis"最早出现在德谟

克利特的著作中（Fr.154 DK），而且至少与音乐有部分的联系。此外，在希罗多德的著作《历史》（3.37）中也出现了（即下文注释［58］中的引文 11），用法上指代的是视觉的相似。参见 Stephen Halliwell, *The Aesthetics of Mimesis: Ancient Texts and Modern Problems*, Princeton University Press. 2002, P17, note39.

［11］ Eva C. Keuls, *Plato and Greek Painting*, The Trustees of Columbia University, 1978, P10.

［12］ 同上，第 11 页。另外，柯尔斯与埃尔斯关于"mimos"的理解差异可再参见注释［50］。

［13］ Stephen Halliwell, *The Aesthetics of Mimesis: Ancient Texts and Modern Problems*, Princeton University Press. 2002, P17.

［14］ G. Sörbom, *Mimesis and Art*, Uppsala, 1966.

［15］ G. Sörbom, *Mimesis and Art*, Bonniers, 1966, P27.

［16］ 本书对索尔邦梳理的这 19 处用法的引用参考了王柯平在《Μίμησις 的出处与释义》一文（《世界哲学》，2004 年第 3 期）中的翻译，其中，参照希罗多德《历史》的中译本（希罗多德：《历史》，周永强译，安徽人民出版社，2012）和埃尔斯的原文修正了部分译法。

［17］ Stephen Halliwell, *The Aesthetics of Mimesis: Ancient Texts and Modern Problems*, Princeton University Press. 2002, P20.

［18］ G. F. Else, " 'Imitation' in the Fifth Century", *Classical Philology*, Vol. 53(1958), P75.

［19］ 王柯平：《Μίμησις 的出处与释义》，《世界哲学》，2004 年第 3 期，第 88 页。

［20］ Else, 1958: 74.

［21］ Else, 1958: 75.

［22］ Else, 1958: 76.

［23］ Stephen Halliwell, *The Aesthetics of Mimesis: Ancient Texts and Modern Problems*, Princeton University Press. 2002, PP.17−18.

［24］ 在笔者看来，哈利维尔对柏拉图之前模仿用法的分类或许存在问题，他将之分为五类：1. 视觉相似；2. 行为模仿；3. 扮演；4. 声音模仿；5. 形而上意义上的一致。（Stephen Halliwell, *The Aesthetics of Mimesis: Ancient Texts and Modern Problems*, Princeton University Press. 2002, P15.）其中，就行为模仿和扮演的区分有重复之嫌，而且笼统称之为"视觉相似"，所包含的内容过于广泛，因为动作的扮演同样可

以理解为是视觉相似的。因此，我主张可以把行为动作的扮演模仿归为一类，省略他所谓的"形而上意义上的一致"（从毕达哥拉斯学派的数学思想出发的认识），具体从声音、动作、文学与绘画这四个方面进行区分，便于更为清晰地讨论涉及绘画的问题。

［25］根据罗马诗人维吉尔的《埃涅阿斯纪》，利伯尼亚人（Liburnian）是亚得里亚海东北岸上的居民，以行船快速著称。

［26］在柯尔斯的书中，这段文献为欧里庇得斯［Frag. 57 N（711 Mette）］，引自 Pollux 7,60.（Keuls, 1978: 20.）这段引文同样在埃尔斯的文中引用，（Else, 1958: 77-78.）但出处为埃斯库罗斯（Frag. 364），即上文所述关于"mimema"在埃斯库罗斯残篇中用法之一，疑误。埃尔斯在其中将上衣解释为对斗篷外形的复制或模仿，原文为："a shirt that copies or simulates the appearance of a Liburnian cloak."（Else, P78）柯尔斯对其解释提出修正。（Keuls, P20）

［27］《普罗泰戈拉篇》，311C，中译本参见王晓朝：《柏拉图全集》第一卷，人民出版社，2002，第431页。

［28］《普罗泰戈拉篇》，318B-C，中译本参见王晓朝：《柏拉图全集》第一卷，人民出版社，2002，第439页。

［29］《普罗泰戈拉篇》，312D，中译本参见王晓朝：《柏拉图全集》第一卷，人民出版社，2002，第432-433页。

［30］《普罗泰戈拉篇》，326A，中译本参见王晓朝：《柏拉图全集》第一卷，人民出版社，2002，第446-447页。

［31］《克拉底鲁篇》，424E，中译本参见王晓朝：《柏拉图全集》第二卷，人民出版社，2002，第113页。

［32］《克拉底鲁篇》，429A，中译本参见王晓朝：《柏拉图全集》第二卷，人民出版社，2002，第118页。

［33］《克拉底鲁篇》，430B，中译本参见王晓朝：《柏拉图全集》第二卷，人民出版社，2002，第120页。

［34］《克拉底鲁篇》，432，中译本参见王晓朝：《柏拉图全集》第二卷，人民出版社，2002，第122-123页。

［35］《克拉底鲁篇》，434，中译本参见王晓朝：《柏拉图全集》第二卷，人民出版社，2002，第125页。

[36]《理想国》(卷二)，373B，中译本参见王晓朝:《柏拉图全集》第二卷，人民出版社，2002，第 331 页。

[37]《理想国》（卷二），377D-E，中译本参见王晓朝:《柏拉图全集》第二卷，人民出版社，2002，第 338 页。

[38]《理想国》(卷三)，395B，中译本参见王晓朝:《柏拉图全集》第二卷，人民出版社，2002，第 360 页。

[39]《理想国》（卷三），401A-B，中译本参见王晓朝:《柏拉图全集》第二卷，人民出版社，2002，第 368 页。

[40]《理想国》(卷十)，597E，中译本参见王晓朝:《柏拉图全集》第二卷，人民出版社，2002，第 616 页。

[41]《理想国》(卷十)，598B，中译本参见王晓朝:《柏拉图全集》第二卷，人民出版社，2002，第 617 页。

[42]《理想国》(卷十)，601A，中译本参见王晓朝:《柏拉图全集》第二卷，人民出版社，2002，第 621 页。

[43]《理想国》(卷十)，602C，中译本参见王晓朝:《柏拉图全集》第二卷，人民出版社，2002，第 623 页。

[44]《理想国》(卷十)，605B，中译本参见王晓朝:《柏拉图全集》第二卷，人民出版社，2002，第 627-628 页。

[45]《理想国》（卷十），607B-D，中译本参见王晓朝:《柏拉图全集》第二卷，人民出版社，2002，第 630-631 页。

[46]《智者篇》，240A-B，中译本参见王晓朝:《柏拉图全集》第三卷，人民出版社，2002，第 36 页。

[47]《智者篇》，265-266，中译本参见王晓朝:《柏拉图全集》第三卷，人民出版社，2002，第 77-79 页。

[48]《智者篇》，267E，中译本参见王晓朝:《柏拉图全集》第三卷，人民出版社，2002，第 81 页。

[49]《智者篇》，236A，中译本参见王晓朝:《柏拉图全集》第三卷，人民出版社，2002，第 29-30 页。

[50]《政治家篇》，277C，中译本参见王晓朝:《柏拉图全集》第三卷，人民出版社，2002，第 118 页。

［51］《政治家篇》，286A 中译本参见王晓朝：《柏拉图全集》第三卷，人民出版社，2002，第 132 页。

［52］《政治家篇》，287C，中译本参见王晓朝：《柏拉图全集》第三卷，人民出版社，2002，第 136 页。

［53］《政治家篇》，289A，中译本参见王晓朝：《柏拉图全集》第三卷，人民出版社，2002，第 137 页。

［54］《政治家篇》，297C，中译本参见王晓朝：《柏拉图全集》第三卷，人民出版社，2002，第 150 页。

［55］《法篇》，656D-E，中译本参见王晓朝：《柏拉图全集》第三卷，人民出版社，2002，第 403 页。

［56］《法篇》，657A，中译本参见王晓朝：《柏拉图全集》第三卷，人民出版社，2002，第 403 页。

［57］《法篇》，663C，中译本参见王晓朝：《柏拉图全集》第三卷，人民出版社，2002，第 412 页。

［58］《法篇》，669A-B，中译本参见王晓朝：《柏拉图全集》第三卷，人民出版社，2002，第 420 页。

［59］《法篇》，769A-E，中译本参见王晓朝：《柏拉图全集》第三卷，人民出版社，2002，第 525 页。

［60］Gunter Gebaure and Christoph Wulf, Mimesis: *Culture, Art, Society*, translated by Don Reneau, University of California Press, 1995.P6.

［61］聂运伟：《论柏拉图摹仿说的知识学背景》，《哲学研究》，2004 年第 8 期。

［62］此处柏拉图所讲的"辩证法"与我们今天所理解的"辩证法"含义不同，可参见本书第二章第三节对柏拉图辩证法的专门讨论。

［63］《普罗泰戈拉篇》，312D，中译本参见王晓朝：《柏拉图全集》第一卷，人民出版社，2002，第 432-433 页。

［64］《智者篇》，267E，中译本参见王晓朝：《柏拉图全集》第三卷，人民出版社，2002，第 81 页。

［65］《法篇》，669A-B，中译本参见王晓朝：《柏拉图全集》第三卷，人民出版社，2002，第 420 页。在这段话中，"象征"一词，在柏拉图

的英译本中同样是"representation",也就是"再现",只不过中译者根据此处的语境强调了"再现"中的象征性含义译为"象征"。参见:Plato, *Complete Works*, Edited by John M. Cooper, Associate Editor D.S. Hutchinson, Hackett Publishing Company, 1997,P1359−1360.

［66］《法篇》,769A−E,中译本参见王晓朝:《柏拉图全集》第三卷,人民出版社,2002,第 525 页。

［67］Eva C. Keuls, *Plato and Greek Painting*, The Trustees of Columbia University, 1978, P24.

［68］Eva C. Keuls, *Plato and Greek Painting*, The Trustees of Columbia University, 1978, P28.

［69］《理想国》(卷十),595A−B,中译本参见王晓朝:《柏拉图全集》第二卷,人民出版社,2002,第 612 页。

［70］《理想国》(卷十),603C,中译本参见王晓朝:《柏拉图全集》第二卷,人民出版社,2002,第 625 页。

［71］《理想国》(卷十),605B,中译本参见王晓朝:《柏拉图全集》第二卷,人民出版社,2002,第 627−628 页。

［72］《理想国》(卷十),607B−D,中译本参见王晓朝:《柏拉图全集》第二卷,人民出版社,2002,第 630−631 页。

［73］《理想国》(卷三),401A−B,中译本参见王晓朝:《柏拉图全集》第二卷,人民出版社,2002,第 368 页。

［74］《理想国》(卷十),601A,中译本参见王晓朝:《柏拉图全集》第二卷,人民出版社,2002,第 621 页。

［75］《斐德若篇》,248D−E,中译本参见王晓朝:《柏拉图全集》第二卷,人民出版社,2002,第 162−163 页。

［76］Plato, *The Dialogues of Plato*, Translated into English with analyses and introductions by B. Jowett, Oxford University Press, Third Edition 1892. P455.

［77］Plato, *Complete Works*, Edited by John M. Cooper, Associate Editor D.S. Hutchinson, Hackett Publishing Company, 1997. P526.

［78］Eva C. Keuls, *Plato and Greek Painting*, The Trustees of Columbia

University, 1978, P27. 其中附上的原文为"ποιητικοϛητωνπεριμιμησιντιϛαλλοϛ"。

［79］Eva C. Keuls, *Plato and Greek Painting*, The Trustees of Columbia University, 1978, P119.

［80］《泰阿泰德篇》，144E-145A，中译本参见王晓朝：《柏拉图全集》第二卷，人民出版社，2002，第654-655页。

［81］Eva C. Keuls, *Plato and Greek Painting*, The Trustees of Columbia University, 1978, P119.

［82］《泰阿泰德篇》，146C-D，中译本参见王晓朝：《柏拉图全集》第二卷，人民出版社，2002，第656-657页。

［83］《泰阿泰德篇》，176C，中译本参见王晓朝：《柏拉图全集》第二卷，人民出版社，2002，第699页。

［84］Eva C. Keuls, *Plato and Greek Painting*, The Trustees of Columbia University, 1978, P119.

［85］《泰阿泰德篇》，150C，中译本参见王晓朝：《柏拉图全集》第二卷，人民出版社，2002，第662页。

［86］Eva C. Keuls, *Plato and Greek Painting*, The Trustees of Columbia University, 1978, P122.

［87］《政治家篇》，278A-D，中译本参见王晓朝：《柏拉图全集》第三卷，人民出版社，2002，第118-120页。

［88］Eva C. Keuls, *Plato and Greek Painting*, The Trustees of Columbia University, 1978, P120.

［89］《政治家篇》，846D，中译本参见王晓朝：《柏拉图全集》第三卷，人民出版社，2002，第607页。

［90］Eva C. Keuls, *Plato and Greek Painting*, The Trustees of Columbia University, 1978, P120.

［91］《政治家篇》，889C-E，中译本参见王晓朝：《柏拉图全集》第三卷，人民出版社，2002，第650页。

第二章

哲学视野下的模仿理论

柏拉图的眼光：
模仿与古希腊艺术

Plato's Vision:
Mimesis and Ancient
Greek Art

　　视觉乃是我们最大利益的源泉⋯⋯从这一源泉中，我们又
获得了哲学⋯⋯[1]

——柏拉图

　　在《克拉底鲁篇》中，苏格拉底就提醒人们，尽管可以通过"名字"来探究事物的本质，但是名字会随着时代的流逝发生变化或被遗忘，因而在使用的过程中会产生各种形式的扭曲[2]。于是，在和赫谟根尼探讨过一些名词字面含义之后，苏格拉底说："我们难道不应当按照某些新的方法来考察它们的真相或法则吗？"[3]本书第一章已经对关于绘画或雕塑的模仿问题在柏拉图那里的使用情况进行了大致的考察，但主要是基于词语语义进行的考察，厘清了模仿这一术语在用于讨论绘画或雕塑的时候所具有的基本含义及其变化。然而，如果只是专注于词源语义的考据，所获得的不过仅仅是本书表面上所要传达的含义，但对于像柏拉图这样的哲学家而言，使用模仿的用意却是多变而宏大的。因此，如果要对绘画或雕塑的模仿问题进行全面而深入的讨论，就不能够孤立地看待单个的词汇，尤其是一个被思想家赋予了深刻含义的词，它已经不再是一个简单的词汇、一个对绘画或雕塑进行形容和界定的术语，而是代表着一种观念、一个思想体系乃至一套认识和讨论问题的方法。

　　柏拉图在其对话中讨论问题的时候，有一个明显的特点，就是他不会把某一问题简洁而直接地表达出来，而总是力图遵循严密的逻辑关系，尽可能考虑到多种可能性，将该问题完整地表述出来。他在表达的过程中会使用各种各样的例证、类比，有时还有不少文字游戏，在这种情况

下就必须要就其主题进行仔细的思考，辨别柏拉图到底要表达什么内容。柏拉图在其对话中使用模仿这样的术语，引用模仿的艺术这样的例证，从本质上说是一种信息的传达，而如果将其看作是一种信息交流的表达方式，就不能仅仅停留在关注他表面上针对绘画或雕塑的模仿说了什么，而是应该关注他为什么会提到这一话题，以及通过这样的表述，他所要传达出来的是怎样的信息。所以，关于柏拉图在模仿的艺术这一方面从词语含义角度进行的讨论仅仅是一个表象，仅仅是我们从"读者"的角度在文本表面所得出的一个印象。对于信息交流的表达而言，传达与交流同样重要，所以我们要追问的是，在绘画或雕塑这样的艺术承载了模仿这样的评价背后——很多时候这个评价又被误解为一种沉重而粗浅的意见，柏拉图自己又传达了怎样的信息？更为直白地说，本章的目的即是探讨通过模仿的艺术，柏拉图在不同的情况下表达了何种观念。通过这样的表述建立起了怎样的理论逻辑体系。也可以理解为模仿的艺术在柏拉图的思想体系中究竟占据了什么样的位置。厘清这些问题，才能全面地认识这个在表面上被柏拉图以模仿进行评价的艺术在柏拉图那里所真正发挥的作用和占据的地位。

　　卡西尔说："柏拉图的理论是一个不可分割的整体，在他的哲学准则中，我们找不到后来的思想家所介绍的那种'特殊化'，他的全部著作都产生于同一模型。辩证法、知识学、心理学、伦理学、政治学，所有这些学科都被融为一个连贯的不可分割的整体，它们都表现了柏拉图哲学的特征，打上了他人格的烙印。"[4] 从表面上看，这句话强调的是在柏拉图的思想中孕育了后来这些不同学科思想的萌芽，但卡西尔在其中说到的这个"同一模型"却是极为敏锐和值得玩味的。与前人相比，柏拉图哲学最为重大的变化在于他创立了一个庞大的哲学体系，即是我们一般所知的"理念论"。然而，这个"理念论"却不是凭空而来的，而是凭借着一套认识事物和思考事物的方式方法逐渐结构起来的，并随着柏拉图思想的变化，从早期到晚期发生着变化。所以，卡西尔所谓的"同一模型"不仅仅说明了柏拉图那里不同学科思想的一致性，更是暗示了柏拉图的思想是按照某一特定的认识事物和思考事物的方法来结构出来的知识体系，探讨这一方法的体系是极为重要的，因为，我们所关注的模仿恰恰正是这一套方法体系中的一个重要组成部分。朝着这个目的，本章的讨论分三部分展开：首先，需要探讨的是，模仿在柏拉图"理念论"建立的过程中是如何逐步出现的，换句话说，在柏拉图本体论的建构中，模仿是如何开始作为一种重要的表述方式来发挥作用的？其次，在此基础上，本章将具体探讨模仿如何作为一种重要的认识方式在柏拉图结构其知识体系的过程中发挥作用。最后，本章第三节将分析在本书第一章所探讨的绘画或雕塑的模仿含义变化的真正动因，即推动模仿从"差异性"向"再现性"转化的辩证法的观念是如何在柏拉图的思想中逐渐变化和发生作用的。

第一节

理念构架下的模仿——一种表述的方式

　　哈利维尔认为：从中期对话《克拉底鲁篇》开始一直到最后的《法篇》，柏拉图都有大量文本使用了模仿这一术语，并将其与认识论、伦理学、心理学、政治学以及形而上学的问题联系起来，运用于很多关于人类实践问题的说明和解释之中，其中不仅包括了音乐、诗歌和绘画，甚至还包括哲学自身的一些问题[5]。实际上，柏拉图在几乎所有对话中所讨论的问题都是哲学的问题，使用模仿这一术语，借用诗歌或绘画这样的例子，也是在讨论其哲学思想。因此，模仿其实从一开始就是作为柏拉图哲学表述的一个术语在发挥作用，通过使用这一术语，他不断地建构和完善起自己庞大的哲学体系，只不过在早期的对话中柏拉图自己并没有有意识地在其哲学探讨的层面上使用模仿，这一术语与柏拉图哲学思想和哲学体系的联系也是在柏拉图思想发展的过程中逐步显现出来并有意识地加以使用的。我们在此要探讨的就是这一点，通过抓住模仿来追溯柏拉图最为核心的哲学架构"理念"的形成过程，也就可以从另一个角度说明模仿在柏拉图哲学框架中所扮演的角色。

　　在本书第一章探讨"mimesis"含义的时候曾介绍过不同学者对科勒观点的修正，其中在柯尔斯对科勒的修正中提到一点：科勒所强调的是"mimesis"本质上所具有的是表现性的方式（即作为媒介）而不是表现的对象，但其实这一层含义是后来柏拉图所引入的一个根本性的变化。这种通过行为或模仿来传达一个抽象观念的含义是一个比喻性的拓展含义，在柏拉图之前只是偶尔发现，但在柏拉图那里则成为专门用法。[6] 柯尔斯在此区分出了关注模仿的两种不同方式，一种方式是科勒所认为的柏拉图把模仿视为一种表现的方式，一种媒介手段，这也是一般人所理解的柏拉图对模仿使用的含义。由此，关于柏拉图对于绘画的认识，也就仅仅停留在是通过模仿这样的表现方式制造出来的作品，而难以再有什么深入的理解，这也是大部分探讨柏拉图关于绘画模仿问题的研究流于表面的原因之所在。然而，如果按照另一种方式来理解，即柯尔斯所强调的关注模仿表现的对象，分析模仿所表达的观念，就会进一步认识到模仿在某一观念表达的过程中所发挥的重要作用，由此才能够真正深入柏拉图的哲学思想中去探讨问题，思考对话中谈论绘画或雕塑的模仿在其观念体系中发挥的作用。因此，准确把握柏拉图在对话中使用模仿角度的差异是至关重要的，而这一变化就始于柏拉图的中期对话《克拉底鲁篇》。

《克拉底鲁篇》中在谈到语言和字母的出现与使用问题时，柏拉图对于神灵创造的说法进行了否定，认为这些都是人造的产物，但对于那些"生活年代比我们早的野蛮人"而言，也不是任意地制造或约定俗成，而是将这些说法都看成"是一种不真实的推脱"。柏拉图认为：事物的命名，或者说用字母来表达对象，是要"按照对象的需要，用一个字母或几个字母构成所谓的音节，再用音节构成名词和动词，最后再通过名词与动词的组合构成庞大、漂亮、完整的语言。像画家绘画一样，我们说话就是在使用命名者或修辞学家的技艺，或者使用别的技艺"。[7] 画家的技艺为何？柏拉图在《克拉底鲁篇》之前的对话中已经有了清楚的看法，即是模仿的技艺。在他看来，命名者和修辞学家的技艺也都是模仿，也正是通过模仿，人们才能通过名字和语言来指代一个含义、表述一个抽象的观念。所以，柏拉图在这篇对话中通过大量的举例，把字母、音节等分类的同时，也把事物进行分类，使得由字母和音节组成的名字和语言能够与所指代的事物对应起来，从而符合事物的本性，所说明的问题就在于事物的名字和语言是通过模仿事物的本性而创造出来的。也就是说，在柏拉图那里，模仿在此时已不仅仅是一种简单的制造外观相似的技艺，而是作为一种认识和把握某种观念的手段开始发挥作用。正如哈利维尔所说：从《克拉底鲁篇》开始，"模仿"已成为一个组织分析的关键点，此后，"模仿不仅让艺术的再现问题可以按照其自己的方式进行探讨，而且还将其纳入一个与真实和价值相关的更为宏大的体系之中。与模仿相关的内容把对于模仿的艺术的整体关注提升到了一个无所不包的哲学体系之中"[8]。因此，此后在柏拉图对话中与模仿相关的话题，比如模仿的诗人、画家，都不再仅仅是谈诗人或画家本身，而是牵涉到柏拉图所要探讨的哲学问题，"模仿"这一术语也在此后成了柏拉图建构和阐述其"理念论"一个十分重要的切入点。尽管此时的柏拉图还没有真正形成他的"理念论"，但是通过使用模仿方式的变化，他已经表达出了这层意思，《克拉底鲁篇》中模仿事物的本性，在此后逐渐发展成了模仿事物的理念。

《克拉底鲁篇》之后，从《美诺篇》《斐多篇》《会饮篇》再到《理想国》（卷十）是柏拉图理念论的形成过程，但在具体叙述模仿与理念论形成之关系之前，有必要先对柏拉图的理念论进行一个基本的说明，以方便后来的论述。在对话中，柏拉图所表述的"理念"有两种词形：idea 和 eidos，这两个词都是柏拉图经常使用的，有时甚至在某一对话的同一段或同一句中同时出现，其含义并没有大的区别，一般都翻译为"理念"[9]。根据学者的研究，柏拉图的理念并非全然是自己的发明，而是有一定的来源——在苏格拉底的思想中（尽管苏格拉底的思想也主要是通过柏拉图的前期对话来获得的），探寻事物的普遍定义是一个经常关注的主题，柏拉图的不少对话都是围绕某个概念的定义展开，比如关于善、美德、美、正义等问题的探讨。柏拉图在此基础上，认为普遍的定义并不能够从经常变化的感性事物中获得，而应该归于另一类客观的存在，这种存在柏拉图称之为"理念"。因此，从某种程度上说，苏格拉底的普遍定义成为柏拉图"理念"的雏形。当然，根据亚里士多德在《形而上学》中对柏拉图的评述，其思想还有另外两大来源：一方面来源于意大利学派的哲学思想，主要指的是毕达哥拉斯学派关于数的理论。亚里士多德就此说道："众多事物是由分有和它同名的'相'而存在的。这里只有'分有'这个词是新的，因为毕达哥拉斯学派说事物是由于'模仿'数而存在，柏拉图则说由于'分有'而存在，只是换了个名词而已。"[10]总的来说，关于两者之间关系的证据是很多的，不仅有记载提到柏拉图认识毕达哥拉斯学派的人物，在其对话中也提到过该学派的一些人物和阐述过该学派的不少理论，而且根据分析，越到晚年，柏拉图学说中表现出来的毕达哥拉斯学派的思想也越浓厚，有关两者之间关系的研究是很多的。而另一方面的来源则是爱利亚学派的思想，这一点不仅在对话中有所暗示，而且最为重要的一点是柏拉图所解释的"理念"与爱利亚学派的哲学家巴门尼德的"存在"几乎一样。在柏拉图的对话中，巴门尼德有着极高的地位，在《巴门尼德篇》中的少年苏格拉底在他面前如同小学生一般聆听他的教诲。不少学者都认为，柏拉图的理念论就是从巴门尼德的存在论发展而来的。比如，在《会饮篇》中理念的几个特征和巴门尼德存在的特征基本一样，唯一的区别在于巴门尼德的存在只有一个，而柏拉图的理念则是无数同类的事物有无数的"理念"。

在《美诺篇》中，柏拉图使用的是"eidos"，通过寻求美德的定义来寻求"eidos"，但此时还没有形成后来"理念"的含义，而指的是一类事物共同的特征或因素，也不是后来所说的"共性"，按其原义只是包含所有同类个体的"属"。《斐多篇》中详细讨论了理念与具体事物的分离及两者之间的差异，并在其中提出了"分有"的概念，以此来阐述理念，也由此发生了哲学史上关于"分离"问题的争议，这一点本书在后面将展开讨论。《会饮篇》表面上讨论的是爱的问题，但最终关注的却是真善美的统一问题，其中也讨论了"美的理念"，有学者将其视为《斐多篇》论理念的姐妹篇，但关于其中的理念问题历来在哲学界争议较大。《理想国》对于之前在《斐多篇》和《会饮篇》中所提出的理念论进行了进一步的完善和说明，并正式提出了"模仿说"，用模仿来阐释理念，认为具体事物是理念的仿本，而理念则是它们的原型。当然，在此之前柏拉图也在不少对话中谈到了模仿，在他的早期对话中涉及音乐、绘画、雕刻等方面时，都认为它们是对于实物的模仿。在《理想国》（卷三）中也专门分析过诗歌的模仿，但是从《理想国》（卷十）开始，则把模仿正式运用到了对于其理念论的阐释上来。由此便产生了一个重要的问题：回顾柏拉图对于理念的阐述，从《美诺篇》《斐多篇》到《会饮篇》，柏拉图在探讨具体事物与"理念"之间关系的时候，使用的是"分有"，认为是具体的事物"分有"了理念，但他自己对这个"分有"却并没有给出精确的说明，只是申明说所谓的"分有"不过是一种比喻，但为何到了《理想国》（卷十）中改用"模仿"来阐释理念了呢？难道"模仿"是柏拉图阐释"分有"概念的另一种比喻方式？又或者说是柏拉图自己对于理念的认识有了变化，在此时需要通过模仿来阐释这种发生了变化的意义？要解决这一问题，还需要从《斐多篇》中所提出的"分离"问题入手。

所谓的"分离"问题是哲学史上一个著名的争论，其针对的主要问题就是在《斐多篇》中柏拉图所认为的理念和具体事物之间的关系，认为理念和具体事物相互之间分离，各自独立存在的观点就是所谓的分离，而进一步的问题就在于讨论理念和具体事物究竟是以什么不同的方式而存在的问题。亚里士多德在其《形而上学》中对柏拉图的分离观点进行了批评，他认为理念就是事物的本质，理念存在于事物之中，并不是在事物之外独立存在，这就是所谓的"内在说"，与柏拉图的"外在说"相对立，就其性质而言，他把理念看作是一种感性实体。这也是一般的哲学史家都把柏拉图视为主张"分离"，而把亚里士多德视为主张"内在"的原因之所在，有不少学者都从这一点出发进行了进一步的论述和肯定性的阐释。然而，后来也有不少哲学家对于亚里士多德对柏拉图关于"分离"的主张提出了质疑，比如早在19世纪著名的哲学史家策勒尔就认为亚里士多德批评柏拉图的"分离"观点并不是直接表达出了柏拉图自己的观点，而只是亚里士多德从柏拉图的结论中反推出来的。新康德主义的马堡学派也认为柏拉图那里的理念和具体事物并不是分离的，并做了大量研究加以证明。现在的学者一般都把柏拉图所谓的理念理解为一种客观实在，是一种和具体事物相似的客观实在，而不是一种主观的概念。所谓的理念和具体事物之间的对立观点，实际上是柏拉图从巴门尼德的思想中继承而来的，但柏拉图其实并没有把这种分离的观点坚持下去，而是在其后期的对话中就发生了变化。因此，这个关于柏拉图全然坚持分离的论断来自亚里士多德，而且是从《斐多篇》中的回忆说推论而来的。

在《斐多篇》中，柏拉图是通过先论述灵魂和肉体的分离开始转而提出理念和具体事物的分离问题的，通过比较理念和具体事物之间的差别将两者区分开来，提出了他所谓的理念的一些具体特征，如单一性、同一性、不变、不可见等[11]，而没有对两者之间的关系做更为细致的说明，仅仅使用了"分有"这一说法。而在《理想国》（卷十）中，柏拉图则直接提出了理念的构架，通过画家的床、工匠的床和神的床构建起了一个理念的体系。尽管这三者之间的差异是十分明显的，但与前者相比，他在加上了第三重世界（即像绘画这样的再现世界）的基础上也对理念和具体事物之间的关系做了更为明确的说明，尤其考虑到在《斐多篇》中理念是通过灵魂的轮回而分有到具体事物之中的，而在《理想国》中则是通过使用一种较为直观的、近似于视觉化的模仿来阐释这一问题，这就使得《理想国》中出现的理念似乎开始和具体事物建立起了联系，从而开始"弥合"之前分离所造成的断裂。再联系后期的对话《巴门尼德篇》，实际上从《巴门尼德篇》中就可以看出柏拉图自己对于"分离"问题看法的明确修正。在这篇对话中的主讲人成了巴门尼德，而以前对话中一直作为主讲的苏格拉底则成了被教导的对象，其中巴门尼德就批评了少年苏格拉底所认为的理念论，即是认为具体事物和理念是分离的，理念与具体事物一样是独立存在的观点，也就是之前在《斐多篇》中的分离问题。巴门尼德认为：如果理念是这样的存在，个别事物并不能分有它；如果理念和个别事物是绝对分离的，人根本不能认识理念，这样的理念论就失去了存在的根据。此后对话中，巴门尼德给出了八对辩证的概念来训练苏格拉底，最后认为，不仅理念与具体事物之间是联系的，而且理念也不是绝对的，不同的理念之间也是可以相互联系和结合的。对于少年苏格拉底的这一观点，也就是之前《斐多篇》中体现出的分离观点究竟是不是柏拉图自己的看法，现在学界还有争论，有人认为这可能反映的是柏拉图学园中部分人的观点，而大多数学者则认为，这是柏拉图对于之前继承巴门尼德观点的修正。

至此，我们对理念和具体事物之间的分离问题有了基本的认识，在明确了这一分离问题的基本情况之后，就可以对从"分有"到"模仿"的问题进行解释了。

通过上文的叙述可以发现，柏拉图论述分离问题的难点就在于如何对两者之间的关系进行具体的说明。他采用的方法是一种假设法，在《斐多篇》中，他也明确说道："我在各种场合下首先提出被自己判定为最健全的理论，然后把与这种理论相一致的任何东西，与原因相关的也好，与其他事情相关的也好，都假定为正确，而与之不合的就视作不正确。"[12]也就是说，柏拉图是首先认定一种他所认为的最完善的逻各斯，凡是合乎它的，就认为是真的，凡是不合乎的便不是真的。他所认定的这个逻各斯就是承认一个绝对的"理念"的存在，比如有美的理念、善的理念等，在美的理念之外如果还存在任何其他美的事物，那就是这些具体的事物"分有"了这个作为原型的美的理念，以此类推，其他任何事物和理念的关系都是按照这样的模式在发生。作为阐释这种关系的表述方式，在《斐多篇》中柏拉图提出了具体事物对于理念的"分有"，但"分有"一词本是希腊语中的一个口语，意为"取了一点""沾上一点"，也有译为"分沾"，但在具体的阐释中，这个词也仅仅是大概表示出了理念和具体事物之间的联系。回到上文提出的问题，为何在《理想国》中"模仿"取代了"分有"变成了阐释理念的一个重要术语，或许可以从分离概念中对于理念存在性质认识的变化看到原因。在柏拉图那里，如何具体地表达理念和客观事物之间的关系是他一直在苦心探索的一个问题，尽管他提出了用"分有"来解释客观事物和理念的关系，但是如果柏拉图自己把理念理解为一种类似于客观事物的存在的话，那么"分有"这个词显然是不恰当的，因为对于观念而言可以说分了一点观念，但如果两者都是客观的存在，说某一事物分了作为理念的另一事物的一部分显然就不太恰当了。而对于模仿而言，说一个事物模仿了另一事物则是可行的。因此，仅从恰当的表述而言，《理想国》中的"模仿"取代《斐多篇》中的"分有"就是合适的。结合理念和具体事物之间的分离问题的变化来看，尽管《斐多篇》中的分离是通过灵魂的轮回来阐释，但这篇对话的侧重点在于强调差异，因而关于两者之间关系模糊的问题也就不那么明显了，也可能柏拉图此时对这一问题还没有更为清晰的认识。而到了《理想国》之时，柏拉图对于理念问题的思考已经趋于完善，不仅从一种二元关系（物体-理念）发展到了三元关系（图像-物体-理念）的系统，而且理念与具体事物之间的联系也开始变得明确和清晰起来，而"模仿"作为一个同时连接两个维度的术语，不仅恰当地表达出了柏拉图在其中设置的层级性的价值观念（从作为最强逻各斯的理念往下延伸），而且形象生动，通过运用绘画这样的例子可以很容易让对话的另一方体会到他的意思，故而以"模仿"取代"分有"也就成了必然的选择。除此之外，柏拉图对"模仿"的使用还有一个特点，就是他更多的是在单一体系中的层级性关系中去使用"模仿"。所谓的单一体系，主要指的是仅就一个理念而言，在该理念所构成的体系之中，比如：只是在理念的床、现实的床和图像的床这样的关于"床"这一单一的"种"之下才说模仿，而不会在理念的床和理念的桌子这类不同"种"的系统之间去谈模仿，尽管这看上去是非常明显简单的问题，但一旦上升到抽象的层面就会变得复杂起来。比如：关于"存在""同""异"这些不同的理念相互之间的结合问题在柏拉图那里就花了大量的笔墨在探讨，在这种情况下，像"存在""同""异"实际上都是不同的理念之间的关系，而且它们之间并没有明显的层级性关系，柏拉图在讨论的时候有时还是会使用"分有"这一表述，而不是说"模仿"。所以，"模仿"这一术语，从柏拉图开始在其理念论中使用的时候，从本质上来说是从认识论的角度出发做出的一种关于层级性关系的表述，这里的"层级性关系"固然包含了"差异性"，但又并不仅仅是差异，在其含义后来的发展过程中，"同一性"也是一个极为重要的方面，当然这是柏拉图后期思想中出现的变化，关于这些内容本书将在后面再详细展开。

　　无论如何，从《克拉底鲁篇》开始，柏拉图发展了"模仿"作为一种认识和把握某种观念的手段这一层含义，并在《理想国》中将其明确与理念论的表述结合起来，进而在其后的对话中广泛使用。比如，在其晚期的《蒂迈欧篇》中表达自己宇宙论的时候就明确提出：宇宙是创造者按照原型制造的模本等这样的表述，应该说这也是伴随着其哲学思想的发展而对这一术语的含义在进行逐渐丰富和完善。至此，本书对于模仿作为理念构架下一种重要表述方式的出现和基本情况已经梳理得比较清楚了，但这也仅仅是从理念的内容逻辑和词义表述层面展开的分析。实际上，本节所述的柏拉图理念观念的变化过程背后还有一些更为重要的问题没有展开，这就是柏拉图在认识论角度发生的变化。这些才是真正涉及柏拉图对理念把握和认识的方式，而这一点又恰恰是与模仿及模仿的艺术密切相关的。因此，只有进而从认识论的角度展开探讨，才能对模仿与柏拉图哲学思想的建构有更为深刻的认识，同时可以对从"分有"到"模仿"的变化这一问题做出更深层次的解释。

第二节

现象世界的隐喻——一种认识的方式

　　柏拉图认为，人首先是通过感觉来把握现象世界的，这里的"感觉"虽然包括多种类型，但在他的对话中主要谈到的还是视觉和听觉，而这两者之中又以视觉为最多。因此，在很多情况下，视觉就象征了人作为整体的感觉认识。在柏拉图的思想框架中，对于感觉有着一种近乎矛盾的判断。一方面，感觉是一种羁绊，对于那些不能探求深层真知的人而言，它将人紧紧地束缚在物质的（同时也是身体的）层面，所把握的不过是一个"幻象世界"；而另一方面，感觉又是人探求真知的第一步，人不可能完全抛弃和脱离感觉，对那些有能力去探求真知的人而言，感觉又是必不可少的启示和出发点。因此，柯尔斯说："柏拉图对知识的推进是向更深层真理的渗透过程，感性知觉就是认知的第一个垫脚石。"[13] 这就是说，正是在感性知觉这一必不可少的基础之上，柏拉图才能够进一步推进对于真理认知的探索，否则这种认识只能是不符合逻辑的空中楼阁。

　　在柏拉图的思想发展过程中，最能反映对感性知觉这种双重性认识的对话就是《斐多篇》，其中关于感觉在认识过程中作用的判断就有前后矛盾之处。在对话开始不久，柏拉图就提出："在身体的快乐方面，哲学家会尽可能使他的灵魂摆脱与身体的联系，他在这方面的努力胜过其他人。"[14] 之所以这么说，一方面这里可能是为苏格拉底的死提出一种解释，因为这篇对话的场景就设定在苏格拉底饮毒酒之前发生的一场对话，对话结束，苏格拉底即从容饮鸩赴死；而另一方面则是为了诠释柏拉图对于知识的认识，他认为，如果人们带着身体进行考察以获得知识，身体会成为考察的障碍，因为身体的感觉是不清晰和不确定的，甚至其他感觉比视觉和听觉还要低劣。因此，对于灵魂而言，"每当它在身体的帮助下想要对某物进行考察，身体显然就会把它引向歧途"。只有"当灵魂能够摆脱一切烦扰，比如听觉、视觉、痛苦，以及各种快乐，亦即漠视身体，尽可能独立，在探讨实在的时候，避免一切与身体的接触和联系，这种时候灵魂肯定能最好地进行思考"。[15] 这里，柏拉图很清楚地说明了只有摆脱像听觉、视觉这样的身体的感觉认识，才能对理念进行更好的思考和认识，但是在后文的讨论中柏拉图的看法发生了明显的变化。

在探讨获取知识的问题时，柏拉图认为所谓的学习，也就是知识以某些具体的方式出现在人的思想中，这一过程实际上是一种回忆，并举例说："假定某人看见或听到，或以别的方式注意到某个事物，不仅意识到这个事物，而且还想到另一个事物是一个不同类型知识的对象。"[16] 这就是回忆，而且还通过一张画着马的图像可以让观看者想起一个人这样的例子来说明：回忆可以由相同的或不同的事物引起。在此基础上，柏拉图更进一步提出了一个"相等"的概念，这"不是砖头与砖头、石头与石头的相等，而是没有任何差别的绝对相等"。[17] 用来指代的是回忆中把一个图像与人联系起来的这种"相等"的关系。实际上，柏拉图这里所采用的方式是一种目的论的方式，通过结果的"相等"关系提出了一种"相等的理念"。他说："在我们第一次看见相等的事物，明白它们在努力追求相等，但又缺乏相等之前，我们一定拥有某些关于相等的知识。"而这种"关于相等的知识"正是一种"相等的理念"，是追求知识所要达到的结果。需要注意的是，正是在如何获得或追求相等的方式上，柏拉图的看法与之前发生了重大的变化。他说："我们同时也同意，除了通过视觉、触觉，或其他感觉，否则就不能拥有这种相等的观念。我把它们全都当作相同的。……所以，我们必须通过这些感觉才能明白，一切可感的相等都在追求绝对的相等，但是缺乏相等。"这句话的意思是：通过感性认识得出的这种相等的结论，并不真实，不过是以一种目的论的方式追求真正的知识的一个过程，而这个真正的知识就是作为理念的"绝对的相等"。在此之前，感性认识的结果实际上是缺乏相等的，只是向着这个"绝对的相等"理念在前进。柏拉图进一步解释道："所以，在我们开始看和听，以及使用其他感官之前，我们必定在别的地方获得过这种知识，即有绝对相等这么一个事物。否则我们就绝不会明白一切相等的感性物体都想要与绝对相等相同，用绝对相等作标准来比较，这些感性物体只是不完善的模仿。"[18] 换句话说，感性认识所认为的相似或相等仅仅接近了相等，但却是向着作为理念的绝对相等迈进了重要的一步。在这里，柏拉图一改之前的看法，不再强调断然抛弃视觉和听觉这样的感性认识，而是认为要通过视觉、听觉这样的感性认识去进一步接近理念，"否则就不能拥有这种相等的观念"，感性认识的相等成了作为理念的绝对相等的一个模仿，这是柏拉图在认识论中使用模仿进行表述的一个重要基础。

对于柏拉图在《斐多篇》中的这一处矛盾其实是可以理解的，上文曾提到，柏拉图关于理念和具体事物之间的分离观点是从巴门尼德的思想中继承来的。同样，关于灵魂和肉体的对立，理性和感觉的分离也是从巴门尼德的思想中来的。之前柏拉图认为哲学家要把诸如视觉和听觉这样的感性认识抛弃，因为它们会妨碍理性的思想，即是把理性与感觉相分离，通过这样的主张目的在于强调理性的纯粹与重要。然而，在具体的论述过程中柏拉图却发现了问题，不仅是因为单纯阐释理念本身出现了困难，使得他不得不采用"迂回"的方法，按照水中看太阳的"第二等方式"来解释（99C-100A），同时也在于在论述知识的时候，断然抛弃感性的认识也是难以在逻辑上自圆其说的。因此，柏拉图在阐释理念的时候他的思想也在发生着变化，他对巴门尼德的思想进行修正，改变了其把理性和感觉截然对立的观点，转而看到了两者之间存在的联系，尤其是在知识的认识过程中，承认这种联系极为重要。尽管他采用的是"相等的理念"这样的目的论的论证方式，但是联系其后的《会饮篇》，则可以发现柏拉图的论述也在不断地完善，他进一步发展了这一思路，通过认识"美的理念"这样的讨论，说明了可以从感觉直接上升到"理念"这一观点。

《会饮篇》之后，从《理想国》开始，柏拉图的论述方式出现了一些微妙的变化，这种变化就集中在"模仿"之中。一方面，"模仿"正式取代了之前的"分有"成了一种更为成熟的表述理念结构关系的术语，同时我们也注意到在《斐多篇》中柏拉图已开始从认识论的角度出发用"模仿"来表述感性认识和理念的关系（75A—B）；而另一方面，模仿开始越来越多地与视觉联系起来，或者说，视觉层面的模仿（而不是动作、声音等其他层面的模仿）开始愈加变得明显起来，开始在柏拉图的论述方式和知识框架中扮演越来越重要的角色。

　　柏拉图在《理想国》第七卷一开始就讲了著名的"洞喻"[19]，假想了一些被关在地下洞穴之中的囚徒，他们不能回头，只能通过背后的火光看到投射在面前墙壁上其他物体的影子，只有当他们走出洞穴看到外面的世界，才会明白原来以为的真实不过是一种幻象。柏拉图在对话中也明确解释了这个比喻的含义："我们必须把这番想象整个地用到前面讲过的事情上去，这个囚徒居住的地方就好比可见世界，而洞中的火光就好比太阳的力量。如果你假设从洞穴中上到地面并且看到那里的事物就是灵魂上升到可知世界，那么你没有误解我的解释，因为这正是你想要听的。"[20]很明显，柏拉图的"洞喻"是关于人对可见世界认知的一个说明，我们眼前的景象不过是通过感觉所把握到的幻象，只有灵魂上升到可知世界看到太阳，才能明白什么是真实。我们在此需要关注的是柏拉图所表达出来的认识世界的方式，这主要包括两点：首先是柏拉图在其中强调了视觉的重要性，将视觉作为人认识世界把握对象的重要方式，并在此后对于视觉愈加重视。以晚期的《蒂迈欧篇》为例，他在其中甚至明确说："在我看来，视觉乃是我们最大利益的源泉……从这一源泉中，我们又获得了哲学……"[21]可见，以《斐多篇》为发端，从《理想国》开始，视觉在柏拉图的理念构架中逐渐扮演着越来越重要的角色，是认识的初级阶段却又是极为重要的方式。其次是"洞喻"中提到的那些影子和幻象，实际上是对现实世界中艺术和技艺的隐喻，如柏拉图所说："我们已经描述过的技艺和知识的全部过程，表明它们有能力把灵魂的最优秀部分向上引导，去观察最优秀的实在，就好像在我们的那个寓言里，身体中最清晰的器官（指眼睛）转向观察这个有形体的、可见的世界中最明亮的部分（指太阳）。"[22]因此，艺术和技艺作为视觉的对象，尽管并不真实，但却可以引领灵魂进行沉思。所以，此时我们从"洞喻"中可以看到的含义是：思想可以通过视觉的外形转向对真实的沉思，从而一步步认识到真理。联系《理想国》第十卷中，以"三张床"的例子提出的理念世界的构架，可以发现，从画家的图像的床到工匠的现实的床，再到神的理念的床，这就是一个典型的以视觉为主导的认识方式，是从视觉的外形转向对真实的一种穿透性的认识。

在厘清了柏拉图对于以视觉为代表的感性认识的态度变化之后，我们可以结合上一节的内容对柏拉图阐释理念思想的论述逻辑及其特点做一个简要的梳理和总结：

其一，从"模仿"取代"分有"为线索。上节讨论《斐多篇》中柏拉图关于理念和具体事物分离的问题，这一观点是从其回忆说中反推出来的，而他的回忆说又是与灵魂的不灭相联系的，他认为人对于理念的认识来自回忆，而之所以能够回忆就在于灵魂的不灭。但当时柏拉图并没有对理念如何对具体事物发生关系进行明确的阐释，仅仅是用了"分有"这一模糊的表述，也没有对沟通知识（真理）与当下认识的灵魂究竟是如何承载理念的问题进行说明。此后《理想国》中的"模仿"取代了"分有"将这一关系明确表述了出来，但仍然没有具体说明灵魂是如何承载理念的，而是从视觉出发，以外观的相似性说明了现实事物对于理念的模仿。再到《理想国》之后的《斐德若篇》中，柏拉图延续了《斐多篇》中灵魂不灭的观点来谈灵魂的再生问题，根据其看到真理的多少把不同身份的人由高到低分为了九种层次（248D-E，在本书第一章第三节中已就这段引文进行过分析）。这里需要注意的是，柏拉图表述灵魂与真理关系时候的用词是"看"。由此，我们可以发现，把握对象的视觉方式似乎在此与模仿重合了起来，灵魂看到真理就相当于现实事物模仿了理念，或者我们可以说，视觉层面的模仿在此变成了一种重要的认识方式被强化了出来。而从其理论的结构关系来看，三篇对话中所表达的其实是一个模式，即是《理想国》中最为全面的以模仿来构建的"三张床"的理念构架。《斐德若篇》中人身份的划分实际上就是知识类型的差异，是对《斐多篇》中探讨知识如何获得问题的补充和丰富，而探讨知识就是在探讨理念，灵魂不过是这过程中一种论述的媒介，目的在于说明理念如何得以被当下的人所认识。所以，柏拉图的这一认识模式既是本体论，也是认识论、方法论。至此，《斐多篇》中的"分有"发展到了《理想国》成了"模仿"，而《斐德若篇》中的"看"同样也是模仿的意思，只不过强化了其中视觉层面的含义。

其二，以视觉认识的重要性开始凸显为线索。《斐多篇》中柏拉图谈知识的获得问题，从把理性和感性相分离，转向强调感性认识的重要性，尤其是对其中视觉认识的强调体现了一种人在获得知识的过程中的认知逻辑关系。而对于视觉认识的强调又在《理想国》中得到了进一步的强化，"洞喻"和"三张床"都明显地体现出了视觉在认识和探知理念的过程中所发挥的基础但却是重要的作用。要注意的是，对于视觉态度的变化又是伴随着柏拉图自己理念思想的阐释而发展起来的，认识论的变化和本体论的建构两者实际上是一体化的。所以，无论是模仿作为阐释和结构理念重要方式的出现，还是视觉作为探求真知方式的凸显，这两方面都是密切相关的，共同编织成了一张理念世界的逻辑之网。在这个逻辑之网中，柏拉图的本体论和认识论并行发展，相互交织，其理念作为本体的存在是认识论发展的结果，而其认识论的发展又是以本体理念的存在和发生作用为条件的。在明确了柏拉图理论中这种一体性关系的特点之后，现在就可以对本节所要解决的问题，即模仿在理念建构过程中从认识论角度所发挥的作用这一问题做出分析和总结。

在上文引用的《斐多篇》中，柏拉图强调感觉认识重要性的几段话里，其中最后一句话是"用绝对相等作标准来比较，这些感性物体只是不完善的模仿"。在这里柏拉图开始使用"模仿"来讨论与理念相关的问题，也就是说对于作为绝对相等的理念而言，感性认识的相等（其中又是从视觉的相似开始引发到不相似的对象）成了它的模仿，这已经与《理想国》（卷十）中的画家的床是对木匠的床的模仿，而木匠的床又是对理念的床的模仿这样的说法非常接近了。因此，结合之前的分析，我们可以发现关于模仿使用的变化是和柏拉图对于理念的阐述相联系的。从《克拉底鲁篇》开始，模仿作为一种简单的制造外观相似的技艺，开始转变为一种认识和把握某种观念的手段，但在其中柏拉图所说的还只是模仿事物的本性。从《美诺篇》《斐多篇》到《会饮篇》，柏拉图在探讨具体事物与"理念"之间关系的时候，虽然使用的是"分有"，但却在论述中出现了难题，柏拉图自己也说"分有"不过是一种比喻，"如果你喜欢可以将它叫作别的名字，我并不坚持"，也说明他对于这一表述并不是很满意，或者说还没有找到阐释理念与具体事物关系的恰当术语。《斐多篇》是一个转变的契机，柏拉图开始用"模仿"来阐释理念的问题，直到《理想国》（卷十）正式采用模仿来表述理念，但是在这种前后关系中，还是有差异的。从表面上看，《斐多篇》中强调感性认识重要性的转变是从认识论的角度展开对于理念的论述的，而《理想国》（卷十）中的"三张床"则是从本体论的角度给出的关于理念世界的构架。但是，如果从认识知识的层面上说，这两种阐释理念的方式却是一致的，这种一致性就在于理念论本身所具有的先验性特征。关于上文所讨论的柏拉图对于感性认识的转变这一问题，英国哲学家罗斯曾说：柏拉图在"论述我们得到知识的过程中，感觉和理性的合作是正确的。他主张感性事物所以能够启发我们认识'理念'，仅因为我们先已经知道'理念'的存在"。[23] 因此，在理念的先验性这一前提之下，关于理念的认识论和本体论就出现了融合。对于知识的追求，一方面是必然趋向于理念的，而另一方面又是因为我们预先"回忆"或者说意识到理念才可能会去追求理念，如何恰当地表述出这种关系也正是柏拉图在表述的过程中一直在寻求解决的一个难题，因为无论如何"分有"都难以将这种复杂的认识关系表达清楚。

回顾上文《克拉底鲁篇》论述了事物的名字和语言是通过模仿事物的本性而创造出来的，换句话说，即是通过模仿这一方式，人们创造了事物的名字和语言。也就是说，柏拉图认为模仿是获得知识的一种手段。因此，一方面，之所以去模仿是因为意识到对象的重要性，也就是明确了理念作为模仿对象的地位；而另一方面，模仿又说明了一种认识的逻辑关系：通过模仿可以去认识那个最终的"绝对的相等"，进一步明确理念的存在。除此之外，还有更为重要的一点就在于模仿是与感性认识相联系的，尽管柏拉图并没有在对话中明确阐释这一点，但我们发现他在对话中涉及理念阐释时所使用的关于模仿的地方，几乎都是从感性认识的角度来表述模仿的，尤其是通过视觉来把握的模仿这一层含义在《理想国》之后变得愈发明显了。所以，从这些角度来看，柏拉图最终在《理想国》（卷十）中使用模仿来阐释理念世界的架构就成了一种必然，这不仅与柏拉图所要阐释的理念论的特点有关，而且与柏拉图看待感性认识的作用相关。在《理想国》（卷十）中，模仿的艺术，尤其是绘画或雕塑这样的艺术形式，不仅从认识论的角度成了感性认识的一个代表，成了认识理念世界的一个必然过程，同时也在理念世界的架构中以视觉化的方式象征了现象世界与理念世界之间的一种层级关系，成为现象世界的一个典型隐喻。因此，可以说，从《理想国》（卷十）开始，模仿已不仅仅是一个简单地表达外观相似的词汇，不仅其自身含义中的差异性方面固定了下来（如本书第一章第二节所述），而且在柏拉图的哲学体系中，作为一个专用术语的重要作用也显现了出来。模仿不仅是理念世界构架的隐喻，更是成为结构知识体系的一种方式，而且这种结构的方式又是以一种视觉化的模仿来实现的。换句话说，我们在此开始发现绘画在理念构架中所具有的重要意义。绘画的图像是以视觉的方式模仿对象而产生的，通过画家的床——这个现象世界的幻象，可以逐步地认识到理念，把握到真理，从而，作为模仿的绘画成了一个理念世界的微缩模型，一个阐释和表达理念思想的典型。

至此，本书已经从本体论和认识论两个层面对模仿在理念建构过程中的作用这一问题进行了分析和阐释，明确了模仿在柏拉图思想体系之中所发挥的重要的结构性作用和视觉性的特点。在此基础上，也对绘画或雕塑这类模仿性的艺术在柏拉图论述过程中的出现和含义有了一定的理解，但还有一些重要的问题有待讨论。首先，模仿的含义为何从柏拉图的中期对话开始发生变化，即为何会强调模仿含义的差异性问题呢[24]？其次，为何模仿的含义在差异性的基础上会进一步向同一性转化呢？也即差异性的模仿究竟是如何转化为再现性的模仿？这些变化是否仅仅是一种偶然？还是说与柏拉图在哲学思考中不断探寻的某种方法论有直接的联系而成为一种必然的理论结果呢？要解决这些问题就需要我们从一个新的线索展开思考追溯原因，这个线索就是柏拉图探求知识的一种具体的方法。

在上文的讨论中，对《理想国》中提出的"洞喻"已进行了分析，厘清了其中对于视觉问题的强调这一点，但在"洞喻"强调视觉问题的过程中，柏拉图对于其中的一个重要因素——"光"，也花了不少笔墨进行说明，使得光成了一个三重隐喻。首先，柏拉图强调在感觉器官和对象之外，连接两者的一个重要媒介就是光，光在其中变成了艺术和技艺的象征，正是通过艺术和技艺可以使得眼睛把握到现象世界中的那些幻象；其次，光又是"洞喻"中太阳的代表，象征了最高的真实，从某种程度上也可以理解为理念，是洞中之囚徒最终追寻的对象；最后，通过强调作为眼睛和对象之媒介的光，柏拉图实际上是提出了一个类比，即在认识的过程中，在思想和理念之间，还需要一个媒介，而这个媒介就是辩证法。[25] 当然，此处并非柏拉图首次提出辩证法，而是在之前的对话中就已经开始探寻这样一种追求知识的方法了，在本章第三节的论述中，我将循着柏拉图对话中辩证法的线索展开讨论，来解决上面提出的关于模仿含义经过差异性向同一性转变等方面的问题。

第三节

差异与同一——辩证法中的模仿

关于辩证法在希腊哲学中的出现，第欧根尼·拉尔修在其《著名哲学家的生平和学说》中有两个不同的记载：一处是引用亚里士多德的说法，认为芝诺是辩证法的发明者，而另一处则又说柏拉图是第一个在哲学讨论中使用辩证法的人[26]。根据亚里士多德在《形而上学》中的记载，似乎将苏格拉底视为将辩证法引入哲学的人。由此，哲学史上辩证法的出现一般都与芝诺、苏格拉底和柏拉图这三人联系在一起。现在一般都认为，芝诺是由于提出了悖论即矛盾的思想而开创了辩证的思维，但并没有直接使用辩证法这个术语；苏格拉底尽管是在对话中自觉使用了辩证的讨论方法，但是他并没有自己的著作，我们关于苏格拉底的思想都是通过柏拉图的早期对话获得的，因此，说到在哲学著作中最早正式使用辩证法概念的就是柏拉图。

我们今天所理解的"辩证法"一般指的是事物发展过程中的对立统一等含义，而希腊哲学中"辩证法"的含义则与之有很大的差别。"辩证法"（Dialectic）一词的希腊原文就是一个前缀介词"dia"（通过的意思）加上名词"lektike"（谈话的意思）构成，所以其基本含义就是通过语言进行交谈讨论的意思。色诺芬在《回忆苏格拉底》中记载："苏格拉底说，必须这样，才能成为最高尚的、最幸福的和最有辩证能力的人。他还说，辩证法就是由于人们聚在一起，共同讨论，按着事物的性质进行分辨而得来的。因此，有必要做最大的努力使自己准备好，对这进行充分的研究，因为这会使人成为最高尚的、最能领导人的和最能推理的人。"[27] 由此可见，辩证法在苏格拉底那里就是通过讨论按照推理的方式探讨真理的一种方法，并且他赋予其很高的地位，而柏拉图不仅在其对话中阐述了苏格拉底的这一思想，而且还进一步探讨了辩证法的具体内容，将其确定为一门最高的学问，成为一个专门的哲学术语和一种哲学的方法。根据策勒尔的总结："辩证法，顾名思义，起初指论辩的艺术，后来成为以问答方式发展科学知识的艺术，最后成了从概念上把握那存在者的艺术。因此，在柏拉图那里，辩证法成了一种科学理论，一种认识事物的真正实在的手段。"[28] 而之所以一般认为柏拉图是辩证法的开创者，就在于："辩证法这一概念在双重意义上都是柏拉图创造。一方面，是柏拉图第一个在哲学上正式使用辩证法这一概念，以表示发现真理的至上方法；另一方面，辩证法作为一个特定的术语，在形式上也是柏拉图的创造。"[29] 当然，辩证法在柏拉图那里也不是一蹴而就的，而是伴随着他哲学思想的发展，在其对话中逐渐形成的。本节的讨论即是通过追溯柏拉图辩证法思想的出现和形成，来讨论上节结尾处所提出的关于模仿及模仿绘画的问题。

柏拉图的对话中较早提到辩证法的是《欧绪德谟篇》，在苏格拉底与一位智者欧绪德谟讨论问题的时候，苏格拉底说："你对辩证法的掌握比我好得多，而我只学到一点儿皮毛。"[30] 根据文中语境，这里只是在一般的问答方法的意义上来使用辩证法的，此时连智者的辩论方法也可以被称为辩证法。此后在《克拉底鲁篇》中，柏拉图对辩证法的含义进行了推进，尽管仍然是指一种问答对话的方法，但强调的是这种问答的方法要能够认识事物的本质。对话中苏格拉底通过举木匠制作织梭的例子来说明：立法者为事物定名或制定法律的时候，只能够根据事物的本性来进行，也就是文中所说的："要想正确地提供名称，辩证法家必须指导立法家的工作。"[31] 此后在《理想国》中，柏拉图在建立自己理念论的同时也给了辩证法极为重要的地位，将其视为以认识理念为目的的重要方法。在第六卷中，柏拉图把我们所认识的世界分为两大部分——可见世界和可知世界，可见世界是感觉认识的对象，可知世界则是理性认识的对象。可见世界又再分为两部分，一部分是现实世界的具体事物，而另一部分则是具体事物的影子，比如绘画的图像。同样，可知世界也可以分为两部分，一部分是哲学追求的对象，另一部分则是像数学、几何学等科学研究的对象。由此，便产生了一个作为认识对象的世界的模型：图像（或影像）—具体事物—科学—哲学的理念，而且在不同的层面上，所采用的认识的方法是不同的。柏拉图说："当一个人根据辩证法企图只用推理而不要任何感觉以求达到每个事物本身，并且这样坚持下去，一直到他通过纯粹的思想而认识善本身的时候，他就达到了可理解的世界的极限，正像我们寓言中的另一个人最后达到了可见世界的极限一样。"[32]柏拉图在这里所设想的辩证法是不依靠任何感性事物，只使用理念，从理念出发，通过理念，最后归结到理念，并且还要认识不同理念之间的相互联系。但是对于具体的认识方式，柏拉图并没有说明，仅仅是在"洞喻"中用太阳做了比喻，所以关于辩证法的具体内容，在《理想国》中还没有明确提出来。《理想国》之后，柏拉图对于辩证法的具体内容开始有进一步的推进，在《斐德若篇》中柏拉图开始探讨辩证法的具体内容，提出了两个基本的原则——综合和分析。对话中的苏格拉底在和斐德若讨论演说词的过程中说到两个分析的步骤："头一个步骤是把各种纷繁杂乱但又相互关联的事物置于一个类型下，从整体上加以把握——目的是使被选为叙述主题的东西清楚地显示出来。……第二步看起来与第一步正好相反，顺应自然的关节，把整体划分为部分。……我本人就是一名划分与综合的热爱者，因此我可以获得讲话和思想的力量。要是有人能察觉出事物的一与多，我就敬重他，追随他，就像'追随神的足迹'。进一步说——这样说是对还是错，只有神知道——当前那些拥有这种能力的人，我称之为'辩证法家'"[33]。在这段对话中，柏拉图正面讨论了辩证法的方法——综合和分析，就综合而言，他所强调的实际就是要把杂多的具体事物统一到一个理念之下，看到大量个别事物之间的共性，从中找到一个普遍的共性，即理念；而就分析而言，则是要求能够看到理念之下所包含的各种杂多的具体事物，不仅如此，还包括不同理念之间的关系。当然，这一点又是柏拉图在其后期对话中才进一步发展出来的。此后的《巴门尼德篇》开始讨论理念和理念之间互相联系的复杂关系，最终认为：理念不再是绝对的，彼此分离的，而是可以相互联系和发生关系的，即使像"美"和"丑"这样相反的理念也是如此。这一点极为重要，也就是说"美的理念"不再是绝对的美，而是可以在某种条件下转化为"丑"，或者说分有丑的理念。

与之类似的，运动与静止的关系、差异与同一的关系也是如此。在后来的《智者篇》和《政治家篇》中，柏拉图不厌其烦地对事物进行了大量的分类，也是对理念之间关系的进一步探究。整体而言，这后期的几篇涉及辩证法的对话都是在反复地讨论综合和分析的方法，通过这些探讨他试图厘清理念和理念之间所结成的那一套无限复杂的网络，通过把握这个网络也就可以从中理解世界之中的秩序。在这一过程中，柏拉图思想的一个变化是值得注意的，即他的理念论在《理想国》之前比较关注的是具体事物与理念之间的关系，而在《理想国》之后则更多地开始探讨理念与理念之间的关系。

通过上文的梳理，我们对于柏拉图辩证法思想的变化已经有了大致的认识，在《理想国》之前，尽管柏拉图还没有开始探讨关于辩证法的具体内容，但是却已经从整体上为其理念论打好了一个相对完整的逻辑框架，这一点正是模仿的差异性含义开始生成的契机。

柏拉图建立理念思想的设想有两个方面：一方面是理念作为一种存在，在这种存在中没有对立，也没有与其相对立的非存在者；而另一方面理念之间是有差异的，它们彼此不同。在这一设想中，他强化了理念的同一性特点，成为认识的终极目标，并把辩证法设想为仅仅在理念的框架中运作，并以理念为目的的一种（目的论的）至高的认识方法。然而，理念的这种同一性却并非单一性，正如施莱尔马赫在评价柏拉图的辩证法时所说的："任何事物本身都必须通过所有事物之间的关系来构成一个完整的系统。由此，任何本质唯一性复又成为限定的整体性或关系的整体性，这样事物本身也能够根据同与异来研究。因此，统一性与整体性复又成为事物的整体图像。正因为如此，与事物之间的关系相对照，任何事物本身都是一个在者，但若与其他某个事物本身相比较，便进入了同与异的领域。"[34] 这段话清晰地揭示了理念本身所具有的那种系统性特征，在柏拉图那里，理念正是这样一个"在者"，尽管其至高又终极，但却也只能在一种同与异的领域中才能体现出其至高与终极的特性。同样，尽管柏拉图试图把认识理念的辩证法作为一种独立又至高的系统强化出来，但其本身的存在与阐释又使之必然地成为一种"限定的整体性或关系的整体性"。在柏拉图建立的模型："图像（或影像）—具体事物—科学—哲学的理念"之中，前半部分"图像（或影像）—具体事物"的认识被划分为感性认识，而后半部分"科学—哲学的理念"则是划分为理性认识。然而，正如上文所讨论过的那样，在《斐多篇》中柏拉图就已经开始逐步修正感性与理性截然划分的做法，《理想国》中对于视觉的强调就是一个典型的特征。因此，他在这一认识的模型中为辩证法所设想的位置恰恰是从辩证法自身出发所得出的结论，因为无论是这个模型的建立，还是其中对于可见世界和可知世界这两个世界展开的感性认识与理性认识的划分都不是从其自身展开的，而是作为一个有机系统而存在的。

事实上，柏拉图正是从辩证法对理念的至高追求这一逻辑出发才设定了现象世界及对现象世界的判断，因为"任何事物本身都必须通过所有事物之间的关系来构成一个完整的系统"。只有把一个与理念不同的现象世界区分出来，或者更确切地说，应该是把一个与现象世界不同的理念世界独立出来，这样理念本身也才能够在一种同与异的关系中来得到研究和探求。因此，对于模仿的使用及其含义的变化也恰恰就是在这一前提下才出现的。柏拉图不仅通过模仿建构起了两个不同的世界（进一步还可以如上文所述的模型再拓展为三到四个世界），而且他对模仿的差异性含义的强调也正是为了凸显这一结构关系中的差异。在此，我们就可以把上文讨论过的模仿含义的差异性变化与之对应起来，从《克拉底鲁篇》开始，柏拉图就花了不少笔墨去探讨模仿的形象与形象所代表的真实事物之间的差异问题，他认为两者只是在某种程度上相似，即只是外观的相似。此后在《理想国》中，柏拉图进而对这种差异进行了系统化的分析，通过"三张床"的理论，柏拉图不仅清楚地说明了模仿差异性的存在，同时通过一种由高到低的价值判断，把模仿的差异性关系永久地固定了下来。于是，一个带有差异性含义的模仿在柏拉图那里便具有了基本的面貌，其中模仿的图像与理念隔了两层，位于价值结构的最底层。如果说，仅仅从视觉的感性出发，对于绘画的模仿所能看到的只是外观的相似性，《克拉底鲁篇》之前关于模仿的使用含义也都是从相似性这种一般意义上展开的。但正是从《克拉底鲁篇》开始，柏拉图明确了辩证法是要认识事物本质的这一方向，也就使得对于模仿的认识发生了重要的变化，开始强调模仿的差异性含义，因为只有强调了差异性，才能在现象世界与理念之间建立起一种差异性关系，进而将两者按照一种结构关系组织起来，完善理念论的体系建构。因此，模仿差异性含义的转变正是在追求理念的辩证法思想的推动下才出现的，是建立理念论的过程中一个极为重要的方式。正是在模仿的差异性含义基础之上，才有了后来《理想国》中以"三张床"建构起来的理念世界的体系，也才有了所谓的"模仿论"，而探究起来，辩证法思想的发展才是模仿差异性含义出现的真正动因。

当然，模仿含义的变化并没有仅仅停留在差异性的层面，回顾之前模仿含义的差异性演变：在《理想国》之后的《智者篇》中，柏拉图对之前所提出的"差异性"又进行了进一步的分解，差异性不仅来自"知识的引导"，同样也来自"美丽"的目标，从而使得绘画或雕塑模仿在此时不仅仅是和原型存在差异这么简单了，而是在除了外观的相似之外，还需要有知识的引导去构成相似部分之外的其他部分。这里面的变化就在于：之前模仿的差异性含义所强调的仅仅是两者之间的不同，而此时，柏拉图在坚持模仿差异性的同时也开始认可模仿所带来的同一性。尽管这似乎从表面上又回到了差异性之前的外观相似性那种基本含义，但此时的"同一"却是另一层意义上的，是与柏拉图"绝对的相等"相关的同一。实际上，这种既"异"又"同"的含义在此时是一种新的发展，是对模仿这一术语意义的复合型拓展，也正是在这种情况下，差异性的模仿在柏拉图那里开始转化为再现性的模仿。在晚期的《法篇》中，柏拉图又对模仿含义之中构成"再现"最为重要的"象征性"进行了进一步探讨，提出了判断象征需要具备的三种素质："首先，他必须理解象征物的象征意义；其次，象征物如何象征才是正确的；再次，也是最后一点，如何用语言、旋律或节奏很好地进行象征。"[35] 在此，需要注意的是，柏拉图在讨论象征性问题之时看待模仿所发生的观念上的变化，即他所强调的模仿的差异性此时已经转化为再现性这一重要变化，而促成这一转变的仍然是其辩证法思想的发展。

在上文讨论柏拉图看待感性认识变化的时候，曾对《斐多篇》进行过讨论，其中提出了关于认识的"绝对的相等"这一问题。柏拉图一方面认为感性认识的结果实际上是缺乏相等的，只是向着这个"绝对的相等"理念在前进；而另一方面他又开始承认其重要性，提出要通过视觉、听觉这样的感性认识去进一步接近理念，"否则就不能拥有这种相等的观念"。《斐多篇》中"绝对的相等"的提出，可以说明柏拉图已经从逻辑上建立起了模仿所生成的这种认识的同一性关系，但是他当时还没有全然承认这种同一性关系。其后，伴随着其辩证法思想的发展，尤其是《巴门尼德篇》以来，柏拉图清理了"存在"与"一"之间的关系，认为"存在"既是"一"又是"多"，既可以"变动"又可以"静止"，既是"同"又是"异"，由此也引发了他对于"模仿"含义中差异性与同一性关系的重新认识。《智者篇》在此基础上又进行了深入的讨论，在对话中柏拉图试图为智者下定义，在他看来，智者所教给学生的并非真理，只是幻象，是"非存在"而不是"存在"。而在早期他继承巴门尼德的思想中，"存在"与"非存在"是截然对立的，只有"存在"是存在的，而"非存在"不存在。但需要注意的是，当巴门尼德最早提出"存在"和"非存在"的对立观点时，他所说的"非存在"实际上并不是绝对的空无，而是指有生有灭的、运动着的现象世界，它是感觉的对象，而不是思想的对象，不是理性认识的对象。[36] 如果继续遵循巴门尼德的思想逻辑，柏拉图对智者的判断就变得不成立了，因为智者还是在传授东西，而不是什么都没传授。因此，问题就集中在了"非存在"到底存在与否这一点上。在《智者篇》中，柏拉图说要反驳智者，就必须研究言谈、思想和现象的性质，"为的是我们能确定它们与非存在的结合，以此证明虚假的事物是存在的"[37]。为探究这一问题，柏拉图从《巴门尼德篇》中那十几对范畴中又选取了三对最为基本的范畴——存在和非存在、动和静、同和异以展开进一步的论述，柏拉图认为这些都是可以普遍运用的"种"，这个"种"一般被认为是"理念"或"型"（eidos）的同义词，并通过复杂的逻辑论证考察了它们之间的相互联系（即"通种论"），最后得出了对于"存在"与"非存在"关系的认识。他说："那么，'不存在'（亦即与存在不同的）存在必定是可能的，不仅在运动这个例子中是可能的，而且在其他所有种类中都是可能的。相异的性质使所有种类中的每一个都与存在不是一回事，这样就使它成为一个'不是'存在的事物。因此，我们按照相同的原则在这个意义上把它们全都说成'不是'存在。此外，由于它们分有存在，因此可以说它们'是'存在，称它们为具有存在的事物。"[38] 也就是说，柏拉图在此强调了"非存在"并非绝对的空无，而是一种存在。"存在"和"非存在"并非绝对对立的，而是可以相互联系的，在某种意义上"非存在"也是"存在"，而"存在"也是"非存在"，由此，"存在"与"非存在"之间就建立起了一种同一性的关系。柏拉图在其中也明确地说了这是对巴门尼德思想的超越，他说："由于不服从巴门尼德，我们已经远远地越过了他的禁令的界限。……你记得他说过，'勉强证明非存在的事情存在乃是不可能的事情，你要使自己的思想远离这条研究途径'。"[39]尽管柏拉图在逻辑论证方面（即论证了非存在的存在）超越了巴门尼德，但就对象而言，即以现象世界和感觉的对象作为讨论的主题而言，实际上他们的结论还是相似的。

柏拉图强调："当我们说'不存在的东西'时，我们的意思似乎并非指某些与存在对立的东西，而是指与存在相异。"[40]实际上，在柏拉图讨论的那几对概念中，他特别提出的就是"存在"和"异"，认为这两个不仅可以相互渗透，而且还可以渗透其他一切的事物。在他对"非存在"这一论题进行总结的时候就明确说了："一、种类之间相互结合；二、存在和相异贯穿所有种类，并相互渗透；三、相异（或不同）分有存在，相异由于分有存在而存在，但另一方面它并不是它分有的那个存在，而是与之不同的存在，由于相异与存在不同，所以它显然非常可能就是某个'不是'存在的事物；四、在相异中拥有某个部分的存在与其他所有种类都不同，由于相异与其他种类全都不同，所以相异不是其他种类中的任何一个，也不是它们的综合，而只是相异本身……"[41]从上述总结中我们可以看出，在柏拉图那里，"相异"实际上就代表了"非存在"，也就是指与作为"真"的"存在"之间具有差异。由此，上文所说的"模仿"的同一性含义在此明确了起来。柏拉图将绘画与雕塑视为模仿，正是为了强调它们所产生的图像或塑像与模仿对象之间的差异，这就是差异性含义的凸显。而到《智者篇》这里，柏拉图也认识到了绘画或雕塑的模仿并非一种全然的幻象，而只不过是与它所模仿的那个（现实存在的或理念的）对象相异而已，其本身也是一种存在，是与其他种类不同的一种独特的存在。由此，柏拉图之前所认为的那种幻象、假象，或者更进一步说那个现象世界在这个意义上也都成了作为"非存在"的一种存在，也正是从这个角度来看，两者之间构成了一种同一性的关系。从认识的角度来看，《斐多篇》中所提出来的"绝对的相等"在此时也有了更为清晰的逻辑依托，因为之前如果一直把"虚假的事物"看成是不存在的，那么从"虚假的事物"出发如何最终认识到存在就会出现一个难以弥合的鸿沟，这和关于理念与具体事物之间的"分离"问题是同样的难题。柏拉图在逐渐解决这些问题，论证了"非存在"的存在，使得"绝对的相等"成了作为存在的"非存在"，也就从实际上肯定了绘画或雕塑的模仿与存在本身的联系，进而通过图像去认识最终的理念或真理，也就是可以在逻辑上成立的事情了。当然，柏拉图在其中还说到了"知识的引导"，暗示了绘画或雕塑的模仿与存在之间更为直接的联系，从某种程度上来说，这里的"知识"也可以理解为辩证法，因为柏拉图始终把辩证法视为一门最高的学问，一种至高的知识，也正是在辩证法思想的推动下，模仿的这种同一性含义才能够最终彰显出来。

《智者篇》之后，柏拉图在《法篇》中还进一步探讨了如何看待象征性的问题，他认为，只有对某些物品的象征意义有了清楚的认识之后，才能去判断作品的好与坏。柏拉图是这样提问的："现在假定我们明白艺术家画出来的或塑造出来的某个图形是人的图形，他描绘了人的所有肢体，还有人的颜色和轮廓。由此是否可以推论这个活人有能力做出进一步的判断，这个作品是美的，或者在某些方面缺乏美？"[42]从表面上看，柏拉图在此似乎仅仅是问如何才能通过图像认识到图像所象征的对象，但实际上通过这个简单的发问，柏拉图已在其中包含了一套相对成熟的认识逻辑关系——通过人的图像识别出人本身，即是从画家的床认识到工匠的床，而去判断作品是美的还是缺乏美，则是从工匠的床开始认识理念的床。按照柏拉图的思想，如果说一件作品是美的，那必然是模仿了美的理念。当然，根据《巴门尼德篇》中的讨论成果，这其中还存在理念的差异问题，即美的理念并不是绝对的美，也可能带有丑的理念，但这里的关键不在于判断究竟是美还是丑，而是我们可以从中发现之前提到的在《智者篇》中所建立起来的模仿含义中那种认识的同一性关系在此有了更为明确的说明，进一步明确了绘画的图像可以通过推论与理念在认识论的意义上建立起直接的联系。需要注意的是，在此之前，柏拉图仅仅是从理念世界的结构关系中体现出这种联系，并没有直接从认识论的角度明确提出这一点，认为可以从绘画的图像出发最终达到对于理念的认识。而通过模仿的同一性含义的确立，这一认识的过程最终清晰了起来，如果说，在《斐多篇》中对视觉的观点开始改变，"视知觉和视觉图像构成了走向知识的一个跳板"[43]，那么对于"跳板"而言，仍然是一种断裂性的差异。但是自《法篇》中象征性的出现开始，在模仿的同一性关系的作用下，则变成了类似于"洞喻"中那种从低到高的渐进式认识关系，从而使得这一认识的过程一如"洞喻"之中可以循着阳光前进，那样更为明确和直接了。至此，绘画或雕塑这样的模仿作品不再仅仅是一种差异性的"幻象"，而是可以在同一性意义上作为理念的一个"再现"被认识所把握，也正是在"再现"这一层意义上，模仿的差异性与同一性含义得到了融合。

施莱尔马赫对柏拉图辩证法中的同一性曾有一段简短的说明："柏拉图还间接地证实了这种同一性，就认识是一种行动，也是一种显现而言，具体的存在也必然是一种消极而非绝对的存在，它可以反转，因此，永恒的认识只与绝对的存在联系在一起。他还主张对立面的同一是一种绝对的同一，就像神与好超越了本质与知识。按此方式，他的辩证法在自然和伦理两个方面，不仅为人们揭示了作为现实之镜的形式特点，而且还揭示了关于绝对同一性或关于神的观念的启发式原则，在关于自然和伦理问题的表述中，柏拉图始终仅以此原则为前提。"[44]施莱尔马赫的这段话清楚地揭示了柏拉图辩证法中把现实之镜与真理世界之间的那种同一性作为根本性原则的特点，在这段话的启发之下，我们可以对上文中模仿的同一性特点进行一个总结：首先，同一性从根本上说是从认识论出发展开的认识，正如模仿这一术语本身在柏拉图那里使用时也是从认识论角度出发的，模仿的同一性含义是从柏拉图辩证法中关于"非存在"的存在这一论证中生成的，是之前他所提出的"绝对的相等"思想发展到后期的逻辑结果。其次，同一性本身是在认识和存在这对概念关系之中生发出来的，永恒的认识和绝对的存在之间是一种循环的目的论，有了绝对的存在，才会有认识的永恒，而有了永恒的认识，才会去追求绝对的存在，在柏拉图那里，理念通过模仿达到现实，而认识又是通过模仿才探寻理念，这本身就是在纯粹意义上从"绝对的相等"出发达成的一种同一。而对于具体的认识和具体的存在而言，则始终是一种变动的差异。由此，模仿的差异性与同一性不仅是模仿含义自身的变化，同时也是辩证法思想下对认识与存在关系的总结。最后，就模仿本身的含义而言，到《法篇》之时，模仿的差异性与同一性含义得到了融合，此时的模仿不仅表达的是认识论框架下的一种层级性差异，同时还成了"存在"在认识层面上的一个再现，正是从这个意义上，我们把此时的模仿称之为再现性的模仿。

通过上文的讨论，我们已经从柏拉图的辩证法入手，把模仿含义的变化问题讨论清楚。在此基础上，可以对作为模仿的绘画与雕塑在柏拉图哲学框架中所发挥的作用进行一个总结了。

柏拉图在其对话中展开讨论时总会遇到一个问题，这就是如何把抽象的理论问题清晰地阐释出来。他自己也说："对最高的、最重要的那一类存在来说，它们没有相应的可见的相似性，它们的性质不会清晰地展示给关注它们的人。"[45] 因此，在阐释的时候就需要有形象的方式来进行表述，这就是柏拉图经常使用例证的原因。他说："要证明任何真正重要的事物而不使用例证是很难的。我们每个人都像是在梦中观察事物，以为自己完全认识这些事物，然而当醒来的时候却发现自己一无所知。"[46] 绘画或雕塑在柏拉图的对话中是经常出现的例证，并且是他最喜欢的例证，他经常以绘画或雕塑模仿来类比他所要真正讨论的对象。比如：《理想国》（卷十）关于绘画模仿问题的著名观点所发挥的作用是对于模仿的诗人的一种类比；《政治家篇》和《法篇》中，绘画类比了下定义（探寻知识）、立法等问题。但是我们在此并不是要去关注类比的论述方法本身，而是要去关注柏拉图之所以使用绘画或雕塑作为例证，是因为他在其中看到了模仿的意义。

柏拉图在对话中对绘画与雕塑的讨论都是从一种宏观的知识学立场上去看待的。首先，他把绘画或雕塑作为视觉方式的一种代表，而视觉又是感觉的一个重要代表。由于它并不可靠，会产生各种各样的错误，因此需要强调理性思想的重要性。比如，在《理想国》（卷十）中，柏拉图认为绘画的模仿是与视觉相关的，它"利用了我们天性中的这个弱点"即视觉会产生错误这一点，因此，他强调"测量、计数和称重已被证明是对这些弱点最好的补救"[47]。也就是说，以"测量、计数和称重"为代表的理性认识是对以"视觉"为代表的感性认识（感觉）的重要矫正方式，在柏拉图看来，理性的方式对于感觉的方式天然地具有价值优势。因此，在对话中绘画或雕塑从认识方式来说成了感性认识的代表，而从其生成的作品性质来看则是现象世界杂多经验的一个综合、一个典型，在柏拉图对话中，关于绘画或雕塑的大部分类比都是在这个意义上使用的。其次，正如上文在讨论模仿的差异性含义时所强调的："任何事物本身都必须通过所有事物之间的关系来构成一个完整的系统"，这就是说要能够建构起一个理念的世界，就必须有一个理念的对应面才能说明理念自身。也正是出于这一点，柏拉图区分出了现实世界和幻象世界，并通过模仿在相互之间建立起了一种认识的关系，使得认识可以通过画家的图像认识到现实的对象，进而探究这个对象的理念。因此，从体系建构的完整性而言，对话中作为模仿代表的绘画或雕塑就成了理念世界的基础部分，有着不可或缺的重要性。最后，通过模仿含义两个阶段的变化，即差异性和同一性的转化，使得柏拉图对话中的绘画具有了一种隐喻的意义。绘画或雕塑模仿所带来的图像是其所模仿对象的一个再现、一个象征，尽管它可以在某些方面与对象一致，但它却永远也不能抵达对象，既象征着认识与存在之间那种永恒的距离，同时也体现出柏拉图思想之中两者之间那种循环的目的论关系。

施莱尔马赫强调："在任何地方，形式与内容都不可分割，每一个句子，只有在它所处的位置上，并且在关系与限制中，如柏拉图所安排的那样，方才能够被正确理解。"[48] 这就是探讨柏拉图思想所必须遵循的系统性原则，本书对于模仿的讨论也正是坚持了这一点，循着柏拉图思想的轨迹，从其哲学思想的框架中来认识和讨论模仿及其含义的变化。有学者曾说：柏拉图建构起了一种纯粹的类型学，把"模仿"的语言标签运用到具体的关于社会、艺术和实践活动的语境之中。在我看来，就"模仿"作为一个语言标签的性质而言，它首先是哲学的，只有通过深入柏拉图的哲学思想，把握"模仿"作为一个哲学术语的基本含义，才能再去谈它运用于社会或艺术等其他语境之中的意义，否则，除了认识到它所表达的外观的相似这一原初含义之外，我们得不到其他任何更深层的意义。客观地说，在柏拉图那里，他对于模仿的评价是矛盾的。一方面，他认识到了模仿的重要性，并在有意和无意之中将其含义进行了拓展和深化；而另一方面，他又惧怕模仿本身所蕴含的力量，因为它不好控制，难以把握，比如《法篇》中之所以要谈对象征性的理解就是出于这一方面的忧虑。无论如何，广为流传的柏拉图对于模仿的批评观点只是注意到了一个极为狭窄的方面，是仅仅从艺术自身的视角出发得出的判断。这种认识的惯例，从某种程度上来说，是因为后来的亚里士多德把模仿的含义进行了进一步的限定，把问题集中到了有关艺术美学的论述之上所形成的，从而间接地造成了后人理解柏拉图之于模仿思想的轻率，关于这一点本书将在后面详细说明。无论如何，作为一个哲学术语的"模仿"应该放回到柏拉图自己的哲学体系中去仔细研究和讨论，在本章基本完成这一工作之后，就可以转入到艺术自身的范畴中来讨论与模仿相关的问题了。

注　释

［1］　《蒂迈欧篇》，47A—B，中译本参见王晓朝：《柏拉图全集》第三卷，人民出版社，2002，第298页。

［2］　《克拉底鲁篇》，421D，中译本参见王晓朝：《柏拉图全集》第二卷，人民出版社，2002，第109页。

［3］　《克拉底鲁篇》，422B，中译本参见王晓朝：《柏拉图全集》第二卷，人民出版社，2002，第110页。

［4］　（德）恩斯特·卡西尔：《国家的神话》，范进等译，华夏出版社，1999，第92页。

［5］　Stephen Halliwell, *The Aesthetics of Mimesis: Ancient Texts and Modern Problems*, Princeton University Press. 2002, P24.

［6］　Eva C. Keuls, *Plato and Greek Painting, The Trustees of Columbia University*, 1978, P11.

［7］　《克拉底鲁篇》，425A—B，中译本参见王晓朝：《柏拉图全集》第二卷，人民出版社，2002，第113页。

［8］　Stephen Halliwell, *The Aesthetics of Mimesis: Ancient Texts and Modern Problems*, Princeton University Press. 2002, P43.

［9］　"理念"的中文翻译有多种译法，常见的如式式、相等，虽然《希腊哲学史》从第二卷开始主张翻译为"相"，但考虑到"理念"已成为

约定俗成的通用译法，在美术理论中也一直是使用这一译法，故而在本书的表述中一律沿用"理念"。关于 idea 和 eidos 含义的差异辨析及译法讨论，由于与本书主题关系不大，此处不再赘述，可参考汪子嵩等著：《希腊哲学史》，卷二，第十四章，第一节"idea 和 eidos"中对于两词含义的辨析。

[10] 亚里士多德：《形而上学》第一卷（A），987a29-b14。

[11] 《斐多篇》，78B-79A，中译本参见王晓朝：《柏拉图全集》第二卷，人民出版社，2002，第81-82页。

[12] 《斐多篇》，100A，中译本参见王晓朝：《柏拉图全集》第二卷，人民出版社，2002，第109页。

[13] Eva C. Keuls, Plato and Greek Painting, *The Trustees of Columbia University*, 1978, P33.

[14] 《斐多篇》，65A-B，中译本参见王晓朝：《柏拉图全集》第二卷，人民出版社，2002，第61页。

[15] 《斐多篇》，65C-D，中译本参见王晓朝：《柏拉图全集》第二卷，人民出版社，2002，第62页。

[16] 《斐多篇》，73C-D，中译本参见王晓朝：《柏拉图全集》第二卷，人民出版社，2002，第73页。

[17] 《斐多篇》，74A-B，中译本参见王晓朝：《柏拉图全集》第二卷，人民出版社，2002，第74页。

[18] 《斐多篇》，75A-B，中译本参见王晓朝：《柏拉图全集》第二卷，人民出版社，2002，第76页。

[19] 《理想国》，514A-521B。

[20] 《理想国》，517B，中译本参见王晓朝：《柏拉图全集》第二卷，人民出版社，2002，第514页。

[21] 《蒂迈欧篇》47A-B，中译本参见王晓朝：《柏拉图全集》第三卷，人民出版社，2002，第298页。

[22] 《理想国》，532C-D，中译本参见王晓朝：《柏拉图全集》第二卷，人民出版社，2002，第534页。

[23] W. D. Ross: *Plato's Theory of Ideas*, Oxford, 1976, P25.

[24] 关于模仿含义的差异性问题参见本书第一章第二节所述。

[25] 《理想国》532A-B。

［26］第欧根尼·拉尔修的记载分别在第八卷第五十七节和第九卷第二十五节，参见汪子嵩：《亚里士多德·理性·自由》，河北大学出版社，2003，第204页。

［27］色诺芬：《回忆苏格拉底》，第四卷第五章第十二节，吴永泉译，商务印书馆，1984，第173页。本书的引用根据汪子嵩在"柏拉图谈辩证法"一文中的译法对个别词语进行了修正，参见汪子嵩：《亚里士多德·理性·自由》，河北大学出版社，2003，第204-205页。

［28］（德）E.策勒尔：《古希腊哲学史纲》，翁绍军译，山东人民出版社，1992，第137-138页。

［29］方朝晖：《"辩证法"一词考》，《哲学研究》，2002年第1期，第31页。

［30］《欧绪德谟篇》，295E，中译本参见王晓朝：《柏拉图全集》第二卷，人民出版社，2002，第37页。

［31］《克拉底鲁篇》，389C-391A，中译本参见王晓朝：《柏拉图全集》第二卷，人民出版社，2002，第65-68页。

［32］《理想国》，532A-B，中译本参见王晓朝：《柏拉图全集》第二卷，人民出版社，2002，第533-534页。

［33］《斐德若篇》，265D-266C，中译本参见王晓朝：《柏拉图全集》第二卷，人民出版社，2002，第184-185页。

［34］（德）施莱尔马赫：《论柏拉图对话》，黄瑞成译，华夏出版社，2011，第51页。

［35］《法篇》，669A-B，中译本参见王晓朝：《柏拉图全集》第三卷，人民出版社，2002，第420页。

［36］汪子嵩等：《希腊哲学史》，卷二，第977页，或卷一，第607页。

［37］《智者篇》，260E-261A，中译本参见王晓朝：《柏拉图全集》第三卷，人民出版社，2002，第70页。

［38］《智者篇》，256E，中译本参见王晓朝：《柏拉图全集》第三卷，人民出版社，2002，第64页。

［39］《智者篇》，258C-D，中译本参见王晓朝：《柏拉图全集》第三卷，人民出版社，2002，第67页。

［40］《智者篇》，257B，中译本参见王晓朝：《柏拉图全集》第三卷，人

民出版社，2002，第 64-65 页。

［41］《智者篇》，257B，中译本参见王晓朝：《柏拉图全集》第三卷，人民出版社，2002，第 67-68 页。

［42］《法篇》，669A-B，中译本参见王晓朝：《柏拉图全集》第三卷，人民出版社，2002，第 420 页。

［43］Eva C. Keuls, *Plato and Greek Painting*, The Trustees of Columbia University, 1978, P122.

［44］（德）施莱尔马赫：《论柏拉图对话》，黄瑞成译，华夏出版社，2011，第 52 页。

［45］《政治家篇》，286A，中译本参见王晓朝：《柏拉图全集》第三卷，人民出版社，2002，第 132 页。

［46］《政治家篇》，277D，中译本参见王晓朝：《柏拉图全集》第三卷，人民出版社，2002，第 118 页。

［47］《理想国》（卷十），602C-E，中译本参见王晓朝：《柏拉图全集》第二卷，人民出版社，2002，第 624 页。

［48］（德）施莱尔马赫：《论柏拉图对话》，黄瑞成译，华夏出版社，2011，第 72 页。

柏拉图的眼光：
模仿与古希腊艺术

Plato's Vision:
Mimesis and Ancient
Greek Art

第三章

艺术哲学——作为艺术理论的模仿

"所有伟大的技艺都需要有一种补充，这就是对事物本性的研究。"

——柏拉图

当柏拉图在《斐德若篇》中谈到雅典著名的政治领袖伯里克利具有高水平修辞能力的时候，说道："所有伟大的技艺都需要有一种补充，这就是对事物本性的研究。你的技艺家得有很高的文化修养，擅长思辨，只有通过这些途径才能获得精神上的升华，才能彻底实施你正在思考的这门技艺，这就是伯里克利为他的天赋所获得的补充。"[1] 柏拉图在这里的意思是，只有通过知识（文化修养）把本质性的问题搞清楚了，比如他在文中说的在"认识了智慧和愚蠢的本性"之后，才能把自己擅长的这门技艺更加充分地发挥出来。对于我们所要探讨的绘画或雕塑的模仿问题而言，正是如此。通过上文的讨论，一方面，我们已经对关于模仿的一些基本问题，比如模仿含义的变化及其原因、模仿在柏拉图哲学思想中所扮演的角色和发挥的作用等有了明确的认识，在此基础上就可以开展"对事物本性的研究"，也就是讨论作为一种艺术理论的模仿的问题。从另一方面来看，当我们把古希腊的绘画或雕塑视为一项伟大技艺的时候，同样也需要对它的本性进行研究，而模仿正是柏拉图对绘画及雕塑的"本性"所做出的判断。

在古希腊人的文化观念之中，绘画和雕塑这样的艺术作为技艺在人们心目中的地位不高是一个普遍现象，人们可以去欣赏那些艺术作品，赞叹艺术的高超技艺，但却少有人想成为这方面的专家，对于那些贵族和知识分子而言，这一观念尤其强烈。有一个著名的典故：马其顿的腓力在一次宴会上，因为他的儿子能够熟练地演奏竖琴而不满道："你演奏得这么好不觉得惭愧吗？"根据普鲁塔克的记载：当时的普遍情况是，"没有一个出身高贵的年轻人，眼睛盯着奥林匹亚的宙斯或者阿尔戈斯的赫拉，希望自己成为菲迪亚斯或波留克列特斯，当他享受他们的诗作的时候，也不会想成为阿那克里翁、菲利蒙或阿齐库劳斯；即使这件工作能够带来快乐，也并不意味着这个工作值得去争取"[2]。柏拉图本人出身贵族，他父母双方的家庭都是伯里克利时代雅典最出名的名门望族，因此，对于作为技艺的艺术持有不高的评价是出于一种普遍的贵族文化观念。实际上，从古希腊开始，艺术作品的杰出与艺术家的社会地位就是两回事，这是一种延续久远的文化传统，这种状况在文艺复兴时有所改善，但一直到19世纪才发生根本性的变化。变化的原因与人们如何看待艺术作为技艺的问题有着直接的关系，也就是说，当艺术开始不再仅仅被看作一门技术的时候，才会带来艺术家地位的提升。对于艺术的认识开始变得复杂起来，如何在技术的层面之外去认识和理解艺术就成了一门重要的学问，正是历史上一代代的思想家和学者开始从技术的层面之外来思考和讨论艺术，才构成了我们今天所说的关于艺术的理论。其中，从哲学高度展开的对于艺术的探讨我们称之为艺术哲学，也正是从这个角度，柏拉图的模仿作为最初从技术之外的哲学高度来理解艺术的一种尝试，可以被视为艺术哲学之发端。

本书这一章所讨论的就是作为一种艺术哲学的模仿理论，主要关注三个方面的问题。首先，从艺术本身出发，清理柏拉图在通过模仿来讨论艺术作品的时候，他所面对的希腊艺术的现状是怎样的？其次，在此基础上，所要讨论的是柏拉图的模仿是如何开始作为一种艺术理论而出现的？最后，在被作为一种艺术理论而使用的时候，又产生了哪些问题？本书将以模仿作为一个发散性的衍生点，讨论柏拉图的模仿所生成的两种结构性的范式，以及在此基础之上所演变出的那些在当代艺术批评理论中经常使用的重要术语，这将让我们沿着一条清晰的模仿的结构之路从古代走回当代。

第一节

柏拉图与希腊艺术的现实

柏拉图的活动时间（公元前 427—前 347 年）基本上覆盖了从古典盛期到古典后期的时代[3]，尽管经历了伯罗奔尼撒战争（公元前 431—前 404 年）之后的雅典在政治和经济上开始逐渐衰退，但在思想和文化上却是一个极为繁荣的时期。一般认为柏拉图从公元前 399 年开始从事对话的写作，并一直持续到他去世，所以我们要考察柏拉图所看到的和了解到的当时希腊绘画和雕塑的发展状况，在时间跨度上就需要从古典盛期开始到古典后期结束。柏拉图在对话中谈绘画和雕塑的模仿，必然是根据自己在雅典的日常生活中接触到这些作品的经验来谈的。因此，我们在考察的时候，首先要考虑的就是究竟是哪些作品最为直接地引发了柏拉图关于绘画和雕塑模仿问题的思考，或者换句话说，哪些类型的作品最符合柏拉图所讨论的模仿。如果说，一件作品和它所模仿的那个对象的差距极大，按照当时最为一般的看法——模仿就是为了相似，那么，它首先就不是一个好的模仿，因此也就不存在讨论模仿的问题了。而柏拉图之所以会专门提出模仿的差异性问题，就在于他不但能够从最为一般的意义上区分模仿品和对象之间的差异，而且还能够从极为相似的模仿中总结出模仿和对象的那种本质性差异，并将其作为一个普遍的性质加以深化和推演。因此，我们在这里要考察的柏拉图所看到和关注到的那些绘画和雕塑的材料，应该是那些和对象外观颇为相似的作品。这种相似首先就反映在体量上，比如：当人们看到一个只有巴掌大的人物画像的时候（比如瓶画中的那些图像），并不会把它等同于真人，但如果看到的是一个画在墙上的真人大小的人物形象的时候，就很可能会误解为真人了，在关于当时画家绘画情况的记载中，就有不少这样的故事，其目的就在于通过这种"乱真"的情况来表示作者模仿技艺的高超。所以，只有在与对象体量相似的作品中，模仿的力量才体现得最为明显，而在这种普遍"乱真"的情况下再去探讨模仿的问题也就显得更有意义了。

公元前 5 世纪末到 4 世纪下半期的希腊绘画类型主要包括瓶画、壁画或嵌板画，留存至今的这一时期的希腊瓶画数量丰富，主要以红绘和白底彩绘为主，尽管此时瓶画中的人物普遍都描绘得比较精致，内容上从神话题材到日常生活都有所体现，但从根本上来说却并不适宜作为我们所要关注的柏拉图所说的模仿的绘画。首先，雅典所在的阿提卡地区生产的红绘彩陶是作为出口商品生产的，而且根据所销往地区的不同在题材和内容上也会有所差异，无论是描绘的形式还是内容都有相对固定的程式，尽管从宏观的角度来看，画中的人物依然属于模仿的绘画，但由于画幅一般都很小，因此，并不是最为理想的那种可以乱真的绘画类型。而白底彩绘陶主要是用于墓葬中盛放油和药膏之类的器具，因此，这类绘画也不属于柏拉图所说的日常生活中的那些模仿的绘画。其次，就类型而言，瓶画和壁画的风格是有显著差异的，瓶画属于一种线描的类型，尤其是红绘瓶画基本都是以单色用线条勾勒的方式来完成的。不少白底彩绘陶会在线条勾勒的基础上饰以红、黄、蓝、黑等颜色，这从某种程度上可以为当时的壁画发展情况提供一些线索，比如用阴影来表现体积感的方法、表现空间关系简单的透视运用等等，这些都是在公元前 5 世纪，尤其是公元前 5 世纪下半叶发展起来的重要的绘画技术。但是瓶画的生产和壁画的绘制是有很大差异的，很可能在当时，从事瓶画绘制的画家和从事壁画或嵌板画绘制的画家属于不同的群体，有着明确的行业差异，且在两者之间或许还存在有竞争关系。因此，总的来说，瓶画只能为希腊壁画的状况提供一种模糊的参照，并不代表希腊绘画的整体面貌。

柏拉图在日常生活中接触最多的绘画作品应该是当时雅典城内的壁画或嵌板画，然而由于今天几乎没有留存下希腊壁画和嵌板画的原作，因此，我们仅能根据文献的记载和个别留存下来的其他地方的绘画作品

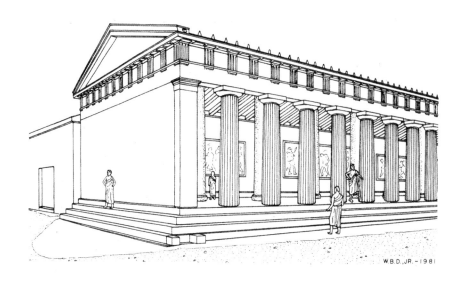

W.B.D.,JR.-1981

图1　雅典广场上彩
绘柱廊的全景复原示
意图，建于公元前
475—前450年间。复
原者：W. B. D., JR.
1981

来推测当时柏拉图在雅典所目睹的壁画样貌。在柏拉图所生活的雅典，城市中的壁画是很常见的。比如：在他出生前20多年的时候，雅典在城市广场的西北角就建造了一个彩绘柱廊（建于公元前475—前450年间）（图1），根据公元2世纪时的帕萨尼阿斯在此游历后的记录：在这个柱廊中有不少用于装饰的大型彩绘木质嵌板画，描绘了希腊人参与战争的一些情节。其中最著名的就是表现公元前490年雅典军队抗击波斯人的马拉松之战，这是一幅历史画，画中甚至连当时指挥战斗的雅典著名将领米尔泰德斯也画了上去。[4] 此外，还有表现特洛伊的陷落、希腊人与亚马逊人之战等主题的画作。根据现代考古学的复原图，这些壁画的尺幅都是很大的，而大尺幅的绘画在当时又是最受赞誉的绘画。这个彩绘柱廊的功能是多样化的，首先它是用来存放雅典战利品的地方，这也说明了为何其中会有这么多描绘希腊人战争的绘画；同时作为一个公共建筑，它是向雅典的公众开放的，有时还会用作会议厅或法庭。根据文献的记载，平日里这里会有各种各样的人，小商贩、表演艺人，以及那些喜欢讨论问题的哲学家，等等，后来的斯多葛学派之所以得名，即是因为芝诺总在这里讲学而得名（Stoics 一词来源于希腊的柱廊 stoa 一词）。由此可以推想，柏拉图当年也可能在这个柱廊中讨论过问题，至少这个满是绘画的柱廊是一个他所熟知的地方。除了这个彩绘柱廊，在当时的雅典城中，还有不少建筑都以绘画作为装饰，比如：雅典卫城巨型入口的西北侧翼有一处被称之为"皮纳科特克"（Pinakotheke）的彩绘柱廊，其中就陈列着木版画。此外，还有伊瑞克提翁神庙、雅典城市广场上的新议事厅、宙斯柱廊等，其中都有壁画的装饰。现在还不确定的是，这些壁画是直接绘制在墙壁上的还是先在木板上画好然后再将其镶嵌到墙上去，很有可能是采用后一种方式。无论如何，这就是当时柏拉图所生活的环境，他对绘画的认识和思考很可能就是来源于这些公共建筑中的壁画。

但是关于这些绘画究竟是何种样貌，目前也只能根据两方面的材料来推测：一方面是对于当时画家的文献记载，其中有不少对他们绘画风格的描述；而另一方面则是在其他地方所留存下来的零星壁画遗存，尽管这些壁画并不是在雅典发现的，且在时间上前后跨度比较大，但如果我们把绘画的发展理解为一种技术和风格的发展过程的话，还是可以推断柏拉图所在时代的绘画发展样貌的。

雅典城市广场那个彩绘柱廊中的绘画据说是由当时的著名画家米孔（Mikon）所作，也有说是由米孔、波利格诺托斯（Polygnotus）和帕纳埃努斯（Panaenus）三位画家合作完成的。来自色雷斯海岸附近萨索斯岛的画家波利格诺托斯被认为是古典时期第一位伟大的画家，他的作品在今天无一留存，关于他的情况主要来自公元2世纪时的帕萨尼阿斯所写的《希腊志》，在这本书中记载了不少著名的艺术家和许多已经失传的重要作品。波利格诺托斯的艺术生涯时间在公元前480—前450年，在波斯人入侵希腊之后（约为公元前480年）来到了雅典，他在雅典城中创作了很多著名的绘画，据说还获得了雅典的公民权。波利格诺托斯的绘画主要是用来装饰神庙的墙壁和柱廊的内表面，在上面提到的那个彩绘柱廊中，就有他和他的学生米孔绘制的作品。据记载，波利格诺托斯已经能够描绘出人物的不同体态和姿势，开始探索对于空间的表现方法，通过把人物安排在不同的层面上来暗示空间的纵深关系，但还没有通过缩小人物的尺寸来表现远近的关系。他一般使用四种颜色——红、黄、黑、白，画中的颜色具有层次化的效果。尽管今天几乎没有希腊壁画和嵌板画的原作留存，但还有一些零星的发现可以提供参考。雅典国家博物馆收藏的一些在科林斯附近的皮萨（Pitsa）地区出土的几块木质绘画嵌板，时间约为公元前530年，是目前发现的较早的希腊绘画残片（图2），其中一块木质绘画嵌板表现的是由女人、音乐家和青年组成

图2 科林斯附近的皮萨地区出土的嵌板画，描绘前往祭坛的一队人物，约作于公元前530年。木板彩绘，高15 cm。雅典国家考古博物馆藏

上：图3 《跳水者之墓》，出土于帕斯图姆，约建于公元前480年。石灰华板上覆灰泥彩绘。内部壁画现藏于帕斯图姆考古博物馆

下：图4 《跳水者之墓》（线图），出土于帕斯图姆，约建于公元前480年。石灰华板上覆灰泥彩绘。内部壁画现藏于帕斯图姆考古博物馆

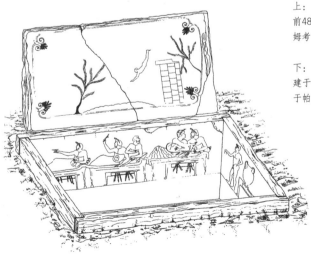

的队伍正在向祭坛行进的场面，画中人物用线条简单地勾勒而成，在白色背景上饰以蓝、黑、红和棕色。在意大利南部那不勒斯附近的希腊殖民地帕斯图姆发现的《跳水者之墓》（约建造于公元前 480 年）是迄今为止唯一真实且完整的公元前 5 世纪的希腊壁画（图 3、图 4）。在这个四方形墓穴的四周描绘的是日常生活中宴饮酒会的场景，而顶盖的下面则画了一个正在跳水的人，壁画底色是涂在石灰华板上的白色灰泥，画面中主要使用了棕色、黑色、黄色和蓝色，人物描绘得都比较简单，还没有空间深度的表现，与同时期的希腊瓶画中的人物有相似之处。或许通过《跳水者之墓》我们能够获得对于公元前 5 世纪上半叶绘画情况的大致认识：古典初期的绘画，基本上只是简单地勾勒一下轮廓，还没有深度空间的表现，与同时期的其他艺术形式相比，比如与同期雕塑的发展水平相比，绘画的发展还是很缓慢的。但是无论如何，《跳水者之墓》属于大希腊地区的绘画，希腊本土的绘画面貌究竟如何，现在还没有更多的材料可供参考。

根据文献的记载，绘画技术在公元前 5 世纪下半叶得到了迅速的发展。一些基本的绘画技术，诸如不同形式的透视（主要的透视方法包括两类：按照远近比例缩小的方式，即近大远小，以及线性透视）、色彩变化、色彩的覆盖或罩染等技术，都是在古典盛期发展起来的。很可能是当时戏剧表演的繁荣推动了绘画技术的发展，这主要指的是为戏剧表演服务的布景画以及戏剧表演所需的面具绘制技艺在此时得到了迅速的发展。据说有一位名叫阿加莎切斯（Agatharchus）的戏剧布景画家，其推动了透视在绘画中的运用[5]。至少，根据目前发现的一些瓶画，可以反映出当时戏剧布景画的大致情况，其中已经可以熟练地运用透视来描绘建筑物了。因此，可以确定的是，到公元前 5 世纪后期，戏剧布景画已经能在舞台上为观众描绘出诸如一座立体宫殿这样的视觉效果了[6]。公元前 5 世纪下半叶出现了几位著名的画家是文献中经常提到的，他们是阿波罗多罗斯（Apollodoros）、宙克西斯（Zeuxis）和帕拉修斯（Parrhasios）。阿波罗多罗斯被认为打破了单色上色的方式，通过色彩的对比变化表现出对象的立体效果，也就是通常所说的明暗法（skiagraphia）；宙克西斯可能在继承阿波罗多罗斯绘画技术的基础上又做了进一步的发展，他们都是从事壁画绘制的画家；而帕拉修斯则仍

然坚持用线条表现对象，但多少也受到了明暗法绘画的影响。总之，至少到公元前 5 世纪末的时候，希腊的绘画就已经发展到了可以表现具有色彩变化和三维立体空间效果的技术了。就色彩的变化而言有三种表现方式：第一种方法是通过不断地调和使色彩具有微妙的差别，这一基本方法在后来的发展中开始使用调色板或类似的工具；第二种方法是用颜料进行覆盖或重叠（如果使用的是半透明的颜料则称之为"上釉"，即罩染）；第三种方法则是打破表面的统一色，在局部用不同的色彩，通过在一定的距离之外观看，可以在观看的时候实现色彩的融合，这一过程后来被称之为视汇合或视觉的色彩融合。[7]

　　现藏伦敦大英博物馆的一件白底莱基托斯陶瓶（图 5-1），在公元前 410—前 400 年间制作于雅典，其中描绘了一位在坟墓前端坐的女人，画面中的人物动态自然生动，画家以不连贯的线条作为轮廓线描绘了她的手臂，也表现出了一定的体积感，有学者认为这件陶瓶上的画有可能反映了帕拉修斯绘画的某些特点，可能是当时的瓶画家也从木版画或壁画中借鉴了一些技巧。不仅如此，这件作品也从某种程度上反映

左上：图5-1　白底莱基托斯陶瓶，描绘了一位在坟墓前端坐有的女人，公元前410—前400年制作于雅典，高51 cm，英国伦敦大英博物馆藏

右上：图5-2　《坐在自己墓阶上的青年女子》（陶瓶局部），雅典出土，公元前410—公元前400年，雅典国家考古博物馆藏

左起：

图6 阿提卡白底莱基托斯陶瓶，描绘的是两名武士在穿戴盔甲，旁边一个女子和一个男孩在协助他们整装。公元前500—前490年制作于雅典，33.5cm×12.6cm，盖蒂中心藏

图7 阿提卡白底莱基托斯陶瓶，描绘了一位用花环装饰墓碑的女人，公元前420—前410年制作于雅典，英国伦敦大英博物馆藏

图8 《雅典娜》，约公元前450年，埃雷特里亚出土，雅典国家考古博物馆藏

出了当时的人物肖像画的样貌。色诺芬在《回忆苏格拉底》中记载了一次谈话，说的是苏格拉底到当时雅典的名妓赛阿达泰家去拜访她并与之对话的情况。"当时在城里住着一个名叫赛阿达泰的女人，她是这样的一个人，无论谁，只要赢得她的欢心，她都会和他发生关系。和苏格拉底在一起的人中有一个提到了她，说这个女人美得简直无法用言语形容，并说画家们常去给她画像，只要是在礼貌所容许的范围内，她总是尽量地把自己的身体显示给他们看。……于是他们就动身朝着赛阿达泰那里走去，正巧遇到她摆着姿势站在一位画家面前，他们就观看了一会。"[8] 这段文献至少说明，在当时的雅典为美丽的贵妇作画是常见的事情（赛阿达泰同时是雅典著名领袖阿尔克比阿底斯的情妇），也反映出当时的绘画已经达到了较高的写实水平，因为绘画一定要发展到相当的写实程度才会产生这种为有钱人绘制的肖像画，而且这样的肖像画极有可能是属于尺幅不大便于悬挂的木版画。尽管目前只有类似的这种彩绘陶瓶可以参考，但当时这样的肖像画作品应该要比此类瓶画水平高出许多（图5-2、图6、图7、图8、图9-1、图9-2、图9-3、图9-4、

左上：图9-1　《冥河岸边的卡戎等待接引夭折的孩子前往冥间》，约公元前420年，埃雷特里亚出土，雅典国家考古博物馆藏

右上：图9-2　《冥河岸边的卡戎等待接引夭折的孩子前往冥间》（局部，卡戎像）

左下：图9-3　《冥河岸边的卡戎等待接引夭折的孩子前往冥间》（局部）

右下：图9-4　《冥河岸边的卡戎等待接引夭折的孩子前往冥间》（局部，旁边站的母亲手持一只鸟）

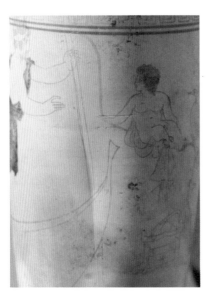

图10-1 《坐在自己墓阶上的青年武士》，公元前410—前400年，埃雷特里亚出土，雅典国家考古博物馆藏

图10-2 《坐在自己墓阶上的青年武士》（陶瓶局部）

图10-1、图10-2）。

由于目前还没有完整可靠的古典盛期至古典后期的壁画或嵌板画保存下来，因此，要了解这一时期的绘画只有通过一些间接的证据来认识。在庞贝城发现的著名镶嵌画《亚历山大镶嵌画》作于公元前1世纪（图11），表现的是马其顿的亚历山大大帝与波斯王大流士三世在伊苏斯之战的场景。作品选取的是伊苏斯战役的最后时刻，亚历山大骑着战马突入敌阵向波斯王发动攻击的瞬间，画面前方左边的亚历山大在骑马冲锋的过程中手持长矛将一个波斯骑兵刺穿。与此同时，乘坐四马战车的大流士三世正在逃走，他身体前倾，两眼圆睁，惊惶地伸出右手。这件作品将亚历山大的勇猛与坚毅、大流士的惊慌失措都表现得极为到位，背景处长枪林立，双方军队正在酣战的恢宏场面都得到了恰到好处的表现，被誉为"有史以来最为壮观的镶嵌画之一"。画面中对于人物远近关系的安排、透视效果的表现，以及通过明暗的色彩对比表现立体的效果等，

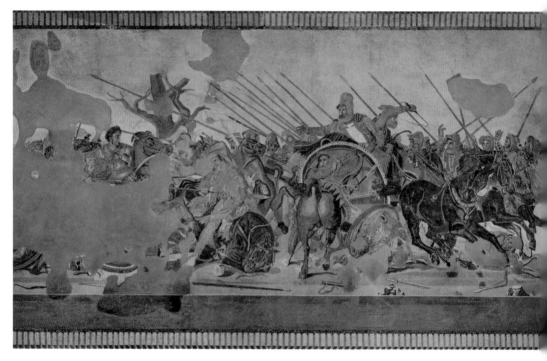

图11　《亚历山大
镶嵌画》，庞贝，
镶嵌画，公元前1世
纪，那不勒斯国家考
古博物馆藏

这些技术都已经把握得很到位了。根据罗马历史学家普林尼的记载，这件作品很可能模仿的是一幅约创作于公元前 310 年的，由来自埃雷特里亚的菲罗克西诺斯创作的一幅希腊壁画。所以，从某种程度上可以大致认为这件作品反映了公元前 4 世纪末希腊绘画的基本面貌。由此，我们也可以推想，在柏拉图从事对话写作的公元前 4 世纪上半叶时这类反映历史事件的大型壁画的样貌，比如马拉松之战就是一个常见的题材，或许其样貌也与这件作品给人的那种真实与震撼感相似，由此引发柏拉图对于绘画模仿力量的思考。除了这件作品，在今天保加利亚的卡赞勒克（Kazanluk）发现一座色雷斯王墓中的一些壁画，时间为公元前 4 世纪晚期（图 12），也可以看出其描绘的风格与《亚历山大镶嵌画》中人物的相似之处（比如色彩的明暗对比所带来的立体感）。另外，还有马其顿的腓力二世陵墓中的壁画，都反映了这一时期绘画发展的程度。

　　事实上，像三维空间的表现以及贴近对象外观现实的描绘（即力图真实地模仿对象的外在样貌）这样的绘画技术，至少在柏拉图之前一代人之时就已经出现了。所以，通过上面大致梳理的希腊绘画从古典初期到古典末期的发展变化，可以说明至少在柏拉图活动的时代，他所看到

图12 保加利亚的卡
特勒克发现的一座色
雷斯王墓，墓室内部
壁画，约作于公元前
世纪末

的那些绘画都是具有一定写实水平的作品。对于像建筑空间的表现，以
色彩的明暗来表现深度关系的描绘等这样具有视幻觉的绘画他应该是很
熟悉的。也正是出于这些在日常生活中获得的对绘画的经验，他才会去
思考绘画带来的模仿的问题，并在对话中不断地提到绘画，将其作为一
个模仿的典型。

　　相对于绘画，这一时期留存下来的雕塑原作还是比较丰富的，从古
典盛期到古典末期的希腊雕塑在真实再现对象的程度上已经达到了极高
的水平，并在此基础上已经超越了全然现实的模仿，而实现了理想化的
创造，也就是通常所说的建立起了理想美的典范。雕像不再仅仅是再现
某一个美的男性或女性，而是要再现某种类型的完美男性或女性，这是
古典盛期希腊雕塑带给艺术史的革命性变革。但是，"理想化"的形式
并非来自全然的想象，而是如柏拉图所说，是"在知识引导下"的创造。
在此，可通过几个例子来说明柏拉图时代理想化雕塑的大致情况，以及
柏拉图对这些艺术作品的理解和认识。

　　古典盛期建立起理想美典范最为重要的作品是由来自阿戈斯的雕塑
家波留克列特斯创作的《持矛者》，尽管今天他的青铜原作已经不存在，

但由于罗马人的复制品而使其得以保存下来（图13）。目前最好的一件复制品出土于庞贝的一座体育馆，为大理石材质。由于大理石的重量，在复制的时候又在右臂和身体之间增加了一个矩形支柱，在右腿后加上了一个树桩以支撑整个雕像。这件作品最为重要的意义就是把古风末期至古典初期雕塑中出现的人体结构的均衡比以一种理想化的方式呈现了出来，使其成为一种处理人体结构和姿势的抽象原则。雕像所表现出的这个人的形象是严格按照均衡比来设计的，这不仅指身体各个部分之间的大小比例，同时还包括一系列均衡的形体关系，如支撑的腿与放松的腿、提起的右臀与放松的左臀、耸起的左肩与放下的右肩、双膝的角度与双踝的角度、双肩的角度与双膝的角度等，所有这些成对的形体要素都相互构成互补与呼应的关系。尽管看上去这件作品似乎仍然是自然主义的，但却绝非对于真实人的现实再现，而是把理想美的法则作为雕塑的标准所创造出的人体形式。事实上，波留克列特斯的这件作品并不叫《持矛者》，他给这件作品取的名字是《法则》，它不是委托的定件，而是艺术家为了说明自己在同样名为《法则》的著作中所强调的那种雕塑理论所创造出来的。所以，这件名为《法则》的雕塑也就意味着是一个具体化了的完美标准。波留克列特斯的老师是来自萨默斯岛的著名几何学家毕达哥拉斯，他认为自然中存在着一系列内在的和谐和均衡关系，而通过数学比例就可以将其提炼和总结出来，最为典型的就是他所提出的黄金分割比。根据这一理论，作为他学生的波留克列特斯认为，通过发现和总结人体各部分理想的数字比，就可以创造出人体的理想美。根据后来的作家引述的波留克列特斯《法则》（原书已佚）中的观点，他认为理想的美是建立在均衡基础上的，身体的各个部分必然和其他部分构成确定的比例。因此，通过按照最好的比例（比如黄金分割）来制作身体的各个部分，也就能够产生完美的形体了。这就是《持矛者》这尊雕塑之所以产生的理论动因，也正是因其在实践这一理想美理论方面取得了很高的成就，使之历来都被视为古典盛期理想化雕塑的典型代表。即使按照最为保守的推测，波留克列特斯的雕塑柏拉图也应该是了解的，

图13　波留克列特斯：《持矛者》，原作作于公元前450—前440年，图为出土于庞贝的罗马复制品，那不勒斯国家考古博物馆藏

因为在柏拉图的对话中，可以发现他对于波留克列特斯是很熟悉的，曾明确提到过他的名字及其杰出的雕塑技艺。[9]

　　除波留克列特斯及其作品之外，另外一些柏拉图熟悉的理想化雕塑作品就是当时雅典所出现的那些巨型雕塑作品。一个最典型的例子就是著名的雕塑家菲迪亚斯在帕提农神庙里面创作的雅典娜巨型雕像，这个用黄金象牙混合制作的大型雅典娜雕像完成于公元前438年，尽管今天这个作品已经完全消失了，但还保留下一些后来对这个雕像所做的缩小复制品。现藏雅典国家博物馆的法瓦凯恩（Varvakeion）雕像，尽管是一件罗马时代（作于公元2世纪）的大理石仿制品，但被认为较为真实地模仿了菲迪亚斯那尊黄金象牙的雅典娜雕像（图14、图15），再根据帕萨尼阿斯和普林尼对这个巨型雕像的记述，可以得出对于这尊巨型雕像基本状况的大致认识：雅典娜像高26英尺（约7.9米），身穿胸铠，头戴精致的头盔，一手持一尊胜利女神，一手拿盾和一根长矛，旁边还有一条蛇。根据现代学者复原的雅典娜雕像，可以推想当年屹立于帕提

农神庙中那尊黄金象牙雕像的规模和气派，那种金碧辉煌、珠光宝气的
景象，定然令所有的希腊人叹为观止。巨型雕像除这尊雅典娜黄金象
牙雕像之外，菲迪亚斯还为奥林匹亚的宙斯神庙（建于公元前 470—前
450 年间）制作了一尊黄金象牙的宙斯雕像。由于这件巨像的高大（高
约 12.4 米），甚至在它完工后 20 年里都一直没能被安置到神庙之中（图
16、图 17、图 18、图 19、图 20）。尽管目前没有证据可以说明柏拉图
也在奥林匹亚见过这尊宙斯巨像，但至少他对于菲迪亚斯是熟悉的（他
在对话中多次提到过他），作为雅典最为著名的艺术家，他所制作的黄
金象牙雕像，柏拉图应该是熟悉的。而且在帕提农神庙前面的西侧当时
还有一尊巨大的雅典娜戎装像（Athena Promachus），这尊铜像高达 30
英尺（约 9.1 米），据说"环行到苏尼翁海岬（Cap Sounion）的水手们
能看见长矛尖上闪耀着迎接他们的阳光"。[10] 另外，在前面提到的那
个有着彩绘柱廊的雅典广场上，在公元前 430 年—前 420 年的 10 年间，
就在彩绘柱廊的西面附近，又建造了一个宙斯柱廊，这是献给主神宙斯
的一个宗教性建筑，里面也有一尊巨大的宙斯雕像，柱廊的正面部分用
大理石砌成，里面有壁画作为装饰。柏拉图曾提到，苏格拉底曾在这里
会见过他的朋友，由此可以推测他对这里应该是很熟悉的。所有这些文
献的记载都说明，在柏拉图生活的时代，那些大型壁画和巨型雕像是很
常见的，至少那些在雅典的大型壁画和雕像他应该是十分熟悉的，尤其
是黄金象牙的雅典娜雕像作为一尊雅典城邦最为骄傲的象征，任何一个
生活在雅典的人都不可能错过。更为重要的是，柏拉图在对话中（比如
《智者篇》[11]）也确实提到了他对于这种巨型雕像的认识。

　　在梳理了柏拉图活动时代的绘画和雕塑艺术发展的状况之后，把他

左：图16　奥林匹亚
的宙斯神庙遗址

右：图17　菲迪亚斯
在奥林匹亚的作坊
遗址

左：图18 菲迪亚斯为奥林匹亚的宙斯神庙制作的一尊黄金象牙宙斯雕像（约建于公元前435年）复原图，高约2.4m，该复原图由沙恩·弗朗西斯（Sian Frances）所作

右：图19 菲迪亚斯为奥林匹亚的宙斯神庙创作的高约12.4m的黄金象牙宙斯神像复原图，1815年，法国考古学家和建筑理论家安托万-克里索斯托姆·卡特马赫·德·昆西（Antoine-Chrysostome Quatremère de Quincy，1755—1849）作

对艺术模仿的观点与希腊艺术发展的现实联系起来，我们就可以对柏拉图为何会对艺术的模仿提出那些观点有更为直接的理解了，这里我们把他关于艺术模仿的观点分为三个方面来讨论。

一、绘画和雕塑是关于对象外在形象的模仿。

这里面包括两层含义：其一是关于外在形象的真实模仿，其二是作为一个对象的再现或象征。通过上文的梳理，我们已经知道，古典盛期到古典末期的希腊绘画在真实再现客观对象的程度上已经发展到了较高的水平，伴随着透视、色彩明暗的对比、覆盖和罩染等技术的发展，柏拉图所见到的希腊绘画已经能够做到对于对象外形的逼真描绘了，而在这一方面，雕塑的逼真程度更高，尤其是那些表现真人的雕塑作品，其目的就在于通过这种逼真的描绘制造一个对象的象征，使得这个对象可以长久地保存，当人们看到它的时候，就可以想到他。正如布克哈特在谈到那些为希腊运动比赛中获胜者所做雕像时说："他主要是一个独立的裸体人物，以这种方式受到观赏，观众必须把他看作是一个运动或者艺术活动的优胜者。一个即使取得过短暂的胜利的人也会被赋予不朽的特质。"[12] 所以，在这种情况下，绘画和雕塑的功能是一样的，无论是马拉松之战，还是运动比赛的胜利，象征（或模仿）的作用就在于使荣耀得以延续和回忆，而实现这一效果的基础就在于逼真的描绘。无论如何，绘画或雕塑的逼真模仿是当时艺术发展水平的一个普遍情况，柏拉图关于艺术模仿的观念就是从这一点出发的。而且，正是在模仿的力量体现得最为明显的时候，柏拉图提出了模仿中的差异，从而推进了模仿含义的变化，使得作为一种艺术理论的模仿，不仅仅指的是关于对象外在形象的模仿，同时还附加了其他更为深层的含义。

图20 《宙斯坐像》，古罗马时代，大理石与青铜（修复），模仿自菲迪亚斯为奥林匹亚的宙斯神庙制作的黄金象牙宙斯神像，圣彼得堡冬宫博物馆藏

二、绘画和雕塑模仿作为知识引导下的活动，或者也可以表述为是一种理性引导下的活动。

柏拉图对绘画或雕塑模仿问题的关注并没有停留在外观相似的层面，而是从知识的角度进行理性的思考，将绘画和雕塑的技术看作是一种知识，认为正是在这种知识引导下模仿才能够获得那些逼真的效果。比如，关于透视的知识，尽管他在对话中并没有明确讨论过关于透视的问题，但通过一些零星的片段，还是可以推测出他对于绘画或雕塑中透视原理的熟悉，他将技术理解为理性帮助下知觉的体现。

在《理想国》（卷七）中，柏拉图提出一个看法："我们有些知觉并不需要求助于理性的思考，单凭感官似乎就能恰当地对之做出判断，而有一些知觉总是要求理性的帮助，因为感官对它们不能做出可靠的判断。"接着后面他的对话者说："你显然指的是形象和画中的影像。"[13] 尽管后面说明了他指的不是这一方面（即关于绘画透视）的问题，但至少在这里他讨论了"产生相反知觉"的问题，如文中所举的例子：近处或远处的指头看上去的差异，目的在于说明视觉的不可靠，知觉需要理性的帮助。所以，通过这一片段，能够间接地说明两方面的问题：首先，柏拉图了解画中对人物大小的处理符合视知觉的体验，比如最为基本的反映空间关系的近大远小的透视方法；其次，柏拉图认为绘画对于视知觉的模仿是在理性帮助下实现的，由此，画中的那个影像就成了理性所记录下来的知觉的影像。

如果说，上述《理想国》（卷七）中这个涉及透视问题的例子过于间接的话[14]，那么在其后的《智者篇》中则明确显示出了对于与视觉比例相关的透视知识的了解。柏拉图在《智者篇》中说道："那些制作巨大尺寸的雕塑家或画家就不是这样。如果他们按照精美原物的真实尺寸进行再造，那么你知道的，上部看上去会显得太小，而下部看上去会显得太大，因为上部离观察者远，下部离观察者近。……所以，艺术家们抛弃真相，在造像时不按照原物的真实尺寸，而只要造出来的像显得美丽。"[15] 通过这段话，我们可以确定的一点就是：柏拉图对于当时希腊那些大型的壁画或雕像是很熟悉的，他在对话中谈到的关于希腊艺术的状况就来自他日常生活中的经验，而不是凭借想象对艺术进行的猜测；这段话所反映出的第二个问题就在于，柏拉图看待绘画或雕塑的方式是理性的或知识的方式。巨型雕像或绘画不按照原物的真实尺寸，而是根据视觉的规律进行再造，把握了在观看时所产生的近大远小的视错觉，根据这一规律进行修正，以使"造出来的像显得美丽"。这里柏拉图不仅提到了知识引导的重要性，即巨型雕塑制造时所采用的基本透视技术，而且更为重要的是他明确提到的这个使造像"显得美丽"的制作目的，实际上所说的就是古典盛期雕塑所追求的那种理想美，柏拉图了解这一点，并将其作为模仿的差异性特点的一个证据加以说明。他之所以将类似于《持矛者》这样的艺术作品都理解为是知识引导下的模仿也是有原因的，因为按照波留克列特斯的理论，根据理想的数字比例制作的雕像实际上也就可以理解为是对于理想数学比例的模仿。在毕达哥拉斯学派的宇宙观之中，万物的生成是模仿了数学比例才得以实现，而在柏拉图的思想中，他也受到毕达哥拉斯学派的很大影响，尽管他的宇宙观并不同于毕达哥拉斯学派，但至少，这里面所表达的两层意思是极为合理的：一方面，从最为一般的意义上柏拉图说明了知识的引导（比如数字比例或透视等这些知识）对于制作艺术作品的重要性；而另一方面，也暗示了艺术的创作活动作为对于现实对象的再造如同万物生成遵循数学比例一样，都是一种模仿性的活动。

当然，绘画和雕塑中这种处理方式的出现，必然是在掌握了视觉透视关系这类知识的基础上才出现的，这种知识在当时的希腊社会中是属于一种已经可以普遍应用的知识，比如类似的情况其实在建筑中就很普遍。以帕提农神庙为例，神庙外的那些多利亚立柱之所以会制造成一种"凸肚状"的形态，就是为了使得观者从下面看上去，圆柱不再有收缩感；而且圆柱从底部到顶部都会稍向内倾斜，壁端柱则向外倾斜，由此可以使柱子不再产生向外突出的感觉；整体的水平柱座从中心向两侧以一个很小的弧度略微倾斜，因为如果在其中心没有一个向上的弧度，那么从正面水平看上去，神庙的中心就会有下沉的感觉，而在柱顶上也有类似的处理[16]。所有这些都说明，视觉是不可靠的，需要通过知识（理性）来修正，柏拉图之所以会在《智者篇》中强调绘画和雕塑是一种"受知识引导的模仿"，正是出于对这一点的认识。

由此，绘画或雕塑的模仿，是理性与知觉结合的产物，而不仅仅是一个感觉的问题。当然，这一点又是与本书之前所讨论过的柏拉图关于感性认识态度的变化，以及由此所牵涉的模仿艺术作为认识所面对的现象世界的象征，而模仿本身成了理解和认识理念的一个重要方式，这一系列问题是密切联系的。至此，我们也可以看到柏拉图在对话中所建构的严密的论证方式：关于绘画或雕塑的模仿，之所以可以理解为是一种在知识引导下的活动，乃是在柏拉图理念论所设定的框架和认识论的逻辑中形成的。

三、关于绘画或雕塑的模仿可能引发批评的一些因素。

关于柏拉图对话中绘画或雕塑的模仿可能引发批评这一问题，除上文已经讨论过的作为模仿诗歌的例证或者隐喻（见本书第一章第三节），以及作为感性认识方式的一种象征（但柏拉图后来修正了对感性认识的看法）之外，如果说还有其他原因会导致柏拉图对绘画或雕塑的模仿评价不高，那就是这些经模仿所产生的艺术作品对于公众或社会所产生的影响了。尽管，发生作用的是作品本身，而不是作为一种认识或创造方式的模仿，但柏拉图对于绘画和雕塑的认识与判断又都是通过模仿来把握的，因此，绘画或雕塑作品本身的影响又是与柏拉图对模仿的判断密切相关的。于是，有必要把这些可能引发柏拉图不高评价的因素进行梳理甄别，主要存在以下两种情况：其一，绘画和雕塑作品作为教育的一种方式；其二，绘画和雕塑的作品作为娱乐的一种方式。

古希腊人之所以会在神庙上施加各种叙事性的浮雕装饰，制作各种宏大的神像，或在公共建筑中创作各种主题性壁画装饰，从最为基本的功能来说，就是为了教化民众，而从这一点出发，也可以看到绘画和雕塑在当时的生活中所发挥的重要社会功能。在这种情况下，到公元前 4

世纪的时候，个别希腊城邦就出现了在学校中专门教授绘画或雕塑技艺的情况，最为著名的就是西锡安（Sicyon）的学校，尽管今天关于这个城邦的学校已无任何遗迹可循，但根据文献记载，还是有一些信息可供讨论。

在柏拉图的成年时期，希腊世界最为活跃的绘画中心其实并非雅典，而是西锡安[17]。在那里，绘画艺术被整合纳入当时的一种综合性的教育观念"paideia"之中[18]，并与其他可归之于缪斯的学科一同教授给学生，音乐、诗歌和数学在其中是基础，而其他实践性的活动和视觉艺术的学习则属于教育体系的外围组成部分[19]。需要说明的是，学校中教授绘画的出现并不是当时希腊城邦的一种普遍现象，绘画和雕塑的技艺仍然主要是在艺术家的作坊中按照师傅带徒弟的方式来传授的，但可以确定的是，在西锡安，绘画的确是被纳入综合教育之中的。现在所知的关于西锡安学校最为重要的证据来自罗马的老普林尼，根据他的记载，在西锡安建立这一综合教育体系的关键性人物是公元前4世纪的艺术家帕菲鲁斯（Pamphilus），他与柏拉图属于同时代人。老普林尼是这么描述帕菲鲁斯的："他是一个马其顿人，是第一个接受过全面教育的画家，尤其是算数和几何，要不是他掌握了这些知识，艺术将不可能臻于完美；他只教有天分的学生，一年收500德拉克马（一种古希腊银币——译者）作为学费，阿派尔斯（Apelles）和马兰西奥斯（Melanthios）跟他学习付的都是这个价。在他的影响下，首先在西锡安，后来则是在全希腊，自由民的男孩们都要学习在木板上绘画的课程，尽管这一技艺在之前被人所忽视，但此后则被纳入自由艺术之中且名列前茅。事实上，作为自由民的男性从事绘画一直是一种荣耀，后来则是由高贵的人从事。与此同时，还有一条禁止向奴隶传授绘画技艺的禁令。因此，无论是绘画艺术还是雕塑艺术，那些著名的作品都不是出自奴隶之手。"[20]老普林尼的记载究竟可信度有多高，这是一个可讨论的问题[21]，尤其是这里说的自由民的男性从事绘画是一种荣耀这一点，与普鲁塔克所记载的贵族看待绘画或雕塑艺术的态度存在明显的矛盾之处，然而在还没有其他更为可靠资料的情况下，也只能以保守的态度使用他的记录。根据老普林尼的记载，帕菲鲁斯不但艺术作品出众，而且还写了大量关于艺术的文章，上面提到的他的两个学生也是如此，老普林尼说阿派尔斯对绘画的贡献超越了其他人，而且还写了数卷的著作，其中有关于绘画的讨论[22]；而在第欧根尼·拉尔修的记载中，马兰西奥斯也曾写了一本《论绘画》的书[23]。如果这些都是事实的话，那么关于希腊艺术的发展状况将是不可想象的，遗憾的是，今天这些画家的著作都没有流传下来，在还没有更为可靠的证据出现的情况下，所能讨论的问题就变得很有限了。

这里所要讨论的问题主要在于西锡安学校把绘画纳入普遍教育中的这一做法，是否曾引起了柏拉图的批评？而要讨论这一问题的一个前提就是：柏拉图是否知道这一现象？一个旁证是：在雅典喜剧作家阿里斯托芬的著作《财神》（Plutus）中（385）可以显示出雅典人是熟悉帕菲鲁斯的，且阿里斯托芬和柏拉图又是朋友，因此，柏拉图很可能是知道这位画家的，进而对他的教育方式也或许是有所耳闻的，很多就这一问题进行讨论的学者都承认这一点。满足了这一前提条件之后，问题就集中在了柏拉图的态度上，对此，大部分学者认为柏拉图应该是反对把绘画纳入普遍教育的做法。然而，他们却没有明确的证据，关于柏拉图就这一现象的态度仅仅是推测。

德国学者 A. W. 比凡克（A. W. Byvanck）认为，把诉诸假象而非真理的课程作为强制性的学校课程，一定会令柏拉图厌恶[24]。伯纳德·施魏策尔（Bernard Schweitzer）也认为，柏拉图在《理想国》（529D-E）中有一段是对西锡安学校的含蓄的批评[25]。这一段中苏格拉底以装饰着星辰的天空为例，说明我们承认那些"最美丽、最精确的"东西，但"也必须承认它们离真实还差得很远"。他说："我们必须把天空这幅画面作为我们学习这些实在时使用的一个样板，就好像正巧看见戴达罗斯或其他艺人、画匠精心绘制的设计图。因为任何懂几何的人看到这样的设计都会承认这些作品的美丽，但若有人信以为真，要从这些设计图上找到绝对真实的相等、成倍或其他比例，那么他们也会认为这样做是荒唐的。"[26]柏拉图这话根本的意思在于：不能把绘画看作是真实，也不能通过绘画的图像去学习几何或数学这些抽象的知识，仅此而已。在这段话里柏拉图并没有表达出任何反对通过数学或几何来"引导"绘画的看法，相反，却说明了这样的"引导"是合适的，因为这种方式可以为作品带来"美丽"。这段话的语境所谈论的是学习的方式，柏拉图主张要学习那些"关乎存在的和不可见的事物"，而不是那些"可感事物"，这与他看待绘画或雕塑的态度是两回事，何况，绘画或雕塑的学习也是需要借助数学和几何这些知识来引导的，更为重要的是这里面根本就没有谈到学校教授绘画课程的问题，因此，这里所谓"含蓄的批评"仅仅是一种不甚合理的猜测。柯尔斯的讨论比较细致，她从数学在学校教育中所应发挥的作用这一角度出发就此问题进行了讨论，但并不是直接论证，而是采用了类推的方式。她首先就《理想国》中的几处说明了柏拉图反对把几何和数学这样的学科应用于诸如："做买卖"（525C）、"功利性活动"（527A）或"天文学"（529）这些"实践的"目的，在此基础上认为"很明显，把几何和数学的学习应用于绘画之中，就像帕菲鲁斯那样，一定会同样受到柏拉图的反对"。[27]的确，柏拉图在上述几处引文中所表达的观点是认为学习几何和数学是为了获得纯粹的知识，在他看来这构成了把握真理的一种方式。但柯尔斯的论证方式概括起来却是：由于柏拉图是把数学和几何作为把握真理的一种方式，因此，如果将其作为引导绘画的工具来使用的话必然会受到柏拉图的反对。柏拉图对于数学和几何的重视是显而易见的，但所说明的问题在于他重视纯粹知识的学习，这个前提却并不能推导出柏拉图反对将其作为引导绘画的工具来使用这一结论。推论中出现了认识的混淆，一方面，她用于类比的那个前提，即认为柏拉图反对把几何和数学这样的学科应用于"实践的"目的这一观点本身就是一种混淆，因为柏拉图所强调的学习数学和几何要"深入下去，直至能用纯粹的思想沉思数的本质"。他说："不是用于做买卖，仿佛他们准备当商人或小贩似的，而是为了在战争中使用，以及便于使灵魂本身从生灭的世界转向本质与真理。"（525C）所以，通过原文，我们只能说：柏拉图是反对把这些抽象知识运用于"功利性的"目的，而不是"实践的"目的，因为我们很难说战争不是一种实践目的，而对于"功利性目的"的批判是柏拉图对话中一个常见的主题，比如对于智者的批评就是一个典型。而另一方面，这一推论中的前提和结论又分属于不同层面的含义。强调数学和几何重要性是出于追求真理的需要，所以柏拉图说要去认识和把握那些抽象的知识，而不是那些感觉性的知识；而绘画通过这些抽象知识的引导则是从认识论角度做出的判断。在柏拉图那里，世界并不是一个单一的由纯粹知识构成的世界，而是由理念世界、现实世界和幻象世界构成的整体性世界，绘画或雕塑创作是对现实世界做出的"模仿"，这是一种通过知识（如数学和几何这样的抽象知识）来引导的认识活动。同时，理解了这一点，又可以从这些作为现象世界象征的"模仿品"中追溯到现实世界乃至理念世界。因此，分属于两个层面的观点并不能够构成推论的关系。与上述否定性观点不同，M. R. G. 史蒂文（M. R. G. Steven）则认为柏拉图是赞同帕菲鲁斯这种学校教育的，因为通过几何和数学的引导，在作品中所构成的那种和谐关系应该与柏拉图的趣味是一致的[28]。然而，这一观点同样也缺乏有力的证据。

事实上，关于这一问题上述的所有讨论都只是推测，因为在对话中，柏拉图根本没有就这一问题发表任何看法，在没有进一步证据之前，只能把柏拉图的态度理解为中立的。联系当时希腊艺术的现状，绘画或雕塑这样的艺术形式在当时的社会生活中应该说扮演着颇为重要的角色。一方面，敬神的活动需要艺术的服务，我们今天所见到的希腊的浮雕主要是神庙上的装饰，神话题材的表现既是神圣力量本身的象征，也是共同文化信仰的宣扬；另一方面，绘画和雕塑的艺术又是社会生活中不可或缺的纪念方式。生活中的荣耀需要一种永恒的铭记方式，无论是虔诚的信仰还是权力的炫耀，抑或是出于对城邦共同体集体观念的强化，无论何种目的，小到在竞技比赛中获胜的个人，大到一个城邦，希腊人普遍认为荣耀应该被记录下来并不断传播。尽管今天我们所看到的这类作品极其有限，比如那些运动比赛获胜者的雕像，但实际上还有大量表现现实生活中荣耀事件的绘画作品，比如雅典广场彩绘柱廊中的马拉松之战。当然，希腊人与亚马逊人之战也可以间接地表现现实事件的主题：以希腊人对异族的征服象征波斯战争的胜利。无论如何，我们不能忽视绘画和雕塑艺术本身在希腊社会中所发挥的重要作用，而仅凭柏拉图在对话中的只言片语去猜测他对于艺术的态度，如果一定要从中找出可能引发他批评的"负面"因素的话，那就只有一种情况，即从伦理学立场出发对于功利性的批判。

柏拉图在《法篇》中有一处谈到了当时绘画的情况："你知道画家在画一个人物的时候，他的笔好像从来不会有画完的时候，他会不断地为它着色或润色——或者无论什么用专业术语表示的某个过程——但似乎永远不能抵达那个时刻，此时这幅画的美丽和活力已经不能再增强了。……假定一位画家的意愿是想要画一幅非常美丽的画，美得无法更美了，几年过去了也不会褪色。但你知道，由于这位画家不是长生不老的，他必须培养一名继承人，能够修补时间给这幅画带来的损害，因此这名继承人要能够给这幅画润色，或者是尽管画家付出了巨大的劳动，但其效果很快就发生了变易。"[29]柏拉图在此举这个例子是为了说明城邦的立法需要不断去修整完善，但其中也透露了一些关于艺术自身的信息，希腊公共建筑中的那些绘画，至少那些反映城邦重大荣耀历史的绘画是会不断进行维修的，典型的例子是：公元前 5 世纪中期修建的彩绘柱廊，在公元 2 世纪帕萨尼阿斯在此游历之时仍然能够看到其中的壁画，至少在希腊时代，城邦会对这些公共壁画不断进行维修，以"修补时间给这幅画带来的损害"将城邦荣耀的历史继续传承下去。然而，柏拉图在这里看到的绘画效果的变易，不仅指的是画面本身的褪色，同时也隐喻了绘画这样的艺术在发挥其社会功能的时候可能带来的效果的变易。

　　布克哈特说："希腊的宗教一直保持着多神教，大概只是因为害怕某些神灵受到忽视而惹起神怒，而且，作为最强有力的推动力的城邦也自行其是地过着自己的宗教生活，宗教崇拜与大众娱乐紧密相连。这个神圣的世界及其神话学似乎被杰出的视觉艺术永久地保存了下来。"[30]布克哈特在此谈的是希腊城邦日常生活中那种神圣性与世俗性相交织的特点，也就是说，一件表达庄严主题的作品，无论是一尊雕塑、一幅壁画或是一场悲剧的演出，无论在多大程度上强调其宗教性或政治性，在大众生活中或多或少也是娱乐的。帕提农神庙本身就是一座富丽堂皇的巨大地标性建筑，神庙中的雅典娜黄金象牙雕像也早已超越了纯粹的宗教与信仰的维度，它不仅表现了作为雅典城邦保护神的雅典娜的崇高与宏伟，更为重要的是，对神的崇拜与城邦政治力量的宣扬联系了起来。帕提农神庙不仅仅是一个单纯发挥敬神作用的神庙，同时也是雅典城邦的国库（图 21、图 22、图 23），在神庙的密室中存放的是雅典城的财宝，公元前 5 世纪中叶以后，由雅典所领导的提洛同盟的财富也储存在这里，雅典娜身上的那些黄金都是可以移动的，这也是另一种保存财富的方式，因为在这种情况下，城邦的财产也就变成了女神的财产，不仅

显示出敬神的虔诚，同时也提升了财产保存的安全性。然而，黄金象牙的神像从本质上来说却是世俗的和炫耀性的，当那些世俗的民众面对着金碧辉煌的神像感叹的时候，当外邦人慕名前来瞻仰这尊神像，同时也是见证如此巨额财富的时候，对神像的瞻仰也就变成了一种观光和娱乐（图24、图25、图26、图27、图28）。

　　然而，柏拉图在对话中并没有就此问题表达明确的态度，他的态度常常是模糊不清的，在明确提出批评的地方又都是有具体针对性的，因

图21　帕提农神庙外部着色复原图（面北角），由A. 奥兰多斯（A. Orlandos）和P. 康诺利（P. Connolly）作

图22　帕提农神庙侧（后部）场景复原图，神庙前面的石台阶上有大量的还品和雕像，图中品的形式和位置据公元2世纪时罗的旅行家和作家萨尼阿斯的描述原，由G.P. 史蒂文（G.P. Stevens）作

此，也只能从最为接近的情况中进行推论。在《政治家篇》中，柏拉图有一个对于绘画和雕塑的分类："把所有关于装饰、绘画、造型的技艺全部包括在内，这些技艺生产艺术形象……所有这些技艺生产出来的东西都只是为了提供快乐，全都可以恰当地归为一类，用一个名称来表示。……称之为'娱乐品'。"[31] 但是，关键在于这种归类并不是一种价值判断，因为在他所排定的顺序中，"初加工的原材料放在第一位，然后依次是工具、器皿、运输器、防护物、娱乐品、滋养物"[32]。这样的顺序，并不是一种优劣的划分，而是按照生存需要对技艺进行的分类，所以，这里的"娱乐品"并不包含贬义成分。柏拉图明确提出批评的是那些出于纯粹娱乐的目的，比如，在《法篇》中就对纯粹的音乐演奏加以批评："使弦琴演奏和笛子演奏从舞蹈或歌唱中分离出来，使之成为对速度和技巧的展示，还有对动物声音的模仿，这些流行的东西都是邪恶嗜好中最坏的，把两种乐器作为独立的音乐工具来使用并不比没有音乐的变戏法好到哪里去。"[33] 由此可以看出，柏拉图对于那些以纯娱乐为目的技艺的炫耀是反对的，但是他毕竟没有直接针对绘画或雕塑来说这一问题，或许是这两种艺术形式始终都需要有一个再现的对象，并不能以纯粹的技艺本身而存在。很有可能柏拉图所反对的是那些以竞

图23 帕提农神庙彩色结构复原图，中间为雅典娜黄金象牙巨型雕像（东北角），由A.尼卡斯（A.Nikas）和A.奥兰多斯（A.Orlandos）绘

图24　劳伦斯·阿尔玛-塔德玛：《菲迪亚斯给朋友们介绍帕提农神庙上的浮雕带》，1868年，布面油彩，72 cm×110.5 cm，伯明翰美术馆藏

图25　帕提农神庙北侧浮雕带留存部分及复原着色部分，P.康诺利作

技为目的的活动，因为在他看来，这些都属于为炫技而开展的娱乐活动。《法篇》中在谈到宗教祭祀仪式的时候，他说："执政官刚以公众的名义进行献祭，而这时候就有一支歌舞队，或者有许多歌舞队，转了过来，他们不是远离祭坛，而是经常来到祭坛旁，把庄严的仪式变成纯粹的亵渎，用他们的语言、节奏和阴郁的琴声折磨听众的感情，而最成功地使

图26　《命运三女神》，帕提农神庙东山墙，伦敦大英博物馆藏

图27　《命运三女神》着色复原图，由P.康诺利作

图28　伊瑞克提翁神庙的祭祀队伍的想象复原图（西北角），展示出当庄严与华丽的场景，由康诺利作

这个刚献祭过的城邦突然流泪的歌舞队还将被判定为胜利者。"[34] 这里所说的是祭祀仪式中歌唱队的颂歌比赛，比如，最为典型的酒神颂歌，这是一种源于酒神祭祀仪式的活动，通常都是一队人在乐器的伴奏下一边舞蹈一边歌唱狄奥尼索斯颂歌，这在整个古典时期都是雅典各个节庆比赛中的一项著名活动，而比赛的胜利条件，就如柏拉图所记载的是通过打动观众的程度来决定的。与之类似的其他竞赛都是柏拉图在对话中明确批评的，诸如：从酒神颂歌发展起来的希腊的悲剧竞赛[35]（对话中对悲剧诗人的批评）、诗歌表演比赛[36]、演讲术的竞赛（柏拉图所批评的智者就是培养演讲辩论术的教师）等这一类竞赛都是柏拉图明确批评的。其实，与之类似的还有绘画竞赛，比如：普林尼就记载过在萨摩斯举行过一次画家帕尔哈西乌斯（Pharrhasius）和另一位画家提曼西斯（Timanthes）之间的绘画比赛，题目是埃阿斯和奥德修斯的竞赛[37]。还有一次在皮提亚举办的赛会中画家帕纳埃努斯（Panaenus）和查尔基斯的提马格拉斯（Timagoras）之间进行了竞赛[38]。但是，柏拉图在对话中并没有涉及绘画竞赛的信息，因此，关于他的态度也就不得而知了。

考察柏拉图所处时代的绘画和雕塑艺术的现状是为了说明：希腊的绘画和雕塑艺术在当时的发展程度及其所具有的实际社会功能，柏拉图对艺术的观点都是从这些现实生活中出发的，这些正是他使用"模仿"的现实基础。而他看待绘画和雕塑的态度也不是盲目的，都是有具体针对性的，比如只有对那些"描绘邪恶、放荡、卑鄙、龌龊的形象"[39] 的绘画作品他才会提出明确的批评，而这样的批评，又是从伦理学立场出发做出的判断。至于像西锡安学校的绘画教育，以及绘画竞赛等这类现象，柏拉图的态度就不得而知了。在大多数条件下，柏拉图看待绘画或雕塑艺术的方式，都是从知识学角度出发的，或者从哲学的角度来看，他并不真正关心绘画或雕塑艺术。因此，无论是褒是贬，其实并不重要，重要的是他提供了一种看待艺术的知识学方法，即模仿的理论，通过这样一个立足于哲学体系之中的术语去理解艺术，才是恰当的艺术哲学的方式。

第二节
作为艺术理论的模仿

　　模仿的含义具有双重多变性，一方面，在同一时期的不同思想家那里，模仿的用法、含义和意义具有多样性；而另一方面，即使是对同一个思想家而言，不仅在不同时期的含义不同，而且在后人理解和传承其思想的时候也会出现各种各样的差异。关于模仿含义的使用，柏拉图在继承前人用法的基础上，固定了一些用法，也发展出了新的含义，但当时并不是只有柏拉图对模仿的含义有所拓展，在同时代的其他作家那里，其实还有关于模仿含义的不同用法，只不过在意义的深度上没有柏拉图走得那么远而已。本节的讨论将从不同作家模仿含义的差异及其在后世的流传展开，探讨模仿之所以会成为一种艺术理论的那些重要的因素。

　　在柏拉图那里，绘画或雕塑是一种关于对象外在形象的模仿，是知识引导下的活动，但他始终没有对绘画或雕塑是否具有创造性的问题进行过讨论。而与柏拉图同时代的色诺芬，同样也是苏格拉底的学生，则明确把模仿理解为一种创造性的活动，而不仅仅是复制对象。色诺芬在《回忆苏格拉底》中记载了苏格拉底去著名的画家帕拉修斯家里访问时的一段对话[40]，苏格拉底说："帕拉修斯，难道绘画不是对我们所看到的事物的一种再现吗？[41]无论如何你们绘画师们总是通过色彩来忠实地描绘那些低的和高的、暗的和明的、硬的和软的、粗糙的和光滑的、新鲜的和古老的（形形色色的事物）。……还有，当你们描绘美的人物形象的时候，由于在一个人的身上不容易在各方面都很完善，你们就从许多人物形象中把那些最美的部分提炼出来，从而使所创造的整个形象显得极其美丽。"苏格拉底接着提问："你们是不是也描绘心灵的性格，即那种最扣人心弦、最令人喜悦、最为人所憧憬的最可爱的性格呢？还是这种性格是无法描绘的？"当帕拉修斯认为这种看不见的东西无法描绘的时候，苏格拉底引导他说："高尚和宽宏，卑鄙和偏狭，节制和清醒，傲慢和无知，不管一个人是静止着，还是活动着，都会通过他们的容貌和举止表现出来。"最后，苏格拉底又问："你认为人们更喜爱看的是反映美丽、善良和可爱品格的绘画呢？还是那些表现丑陋、邪恶、可憎形象的绘画呢？"帕拉修斯回答："以宙斯的名义，这两者之间的确有很大的区别，苏格拉底。"此后，色诺芬又记载了另一次苏格拉底访问雕塑家克雷同的谈话，苏格拉底问道："克雷同，你所雕塑的赛跑家、摔跤家、拳击家和格斗家的形象都很美妙，这是我所看得出来而且知道的，不过那种对观者来说，最引人入胜的、栩栩如生的神情你是怎么创造出来的呢？"当克雷同犹豫的时候，苏格拉底不断地引导他，通过对对象目光和神情的细致模仿这一点说明了："一个雕塑家就应该通过形式把内心的活动表现出来。"[42]

　　通过上面的记载，色诺芬那里的模仿包括以下几方面的含义：其一，绘画和雕塑都是关于对象外在形象的模仿，这一点与柏拉图是一样的。其二，色诺芬认为绘画或雕塑是按照美的目的来创造的，其方式是从许多人物形象中提取出美的部分，然后创造出一个极其美丽的形象。关于"美的目的"这一点与柏拉图是相同的，如《智者篇》（236A）中柏拉图就说道："艺术家们抛弃真相，在造像时不按照原物的真实尺寸，而只要造出来的像显得美丽。"但是在创造的方式上柏拉图却没有就这个"美的目的"从何而来进行说明，而是强调知识引导的重要性。比如，在《理想国》中有一段就明确说道：我们承认绘画可以作为"最美丽、最精确的"东西，但是这种美丽和精确的获得是在几何、数学这样的知识引导之下才获得的，而且更为重要的是："也必须承认它们离真实还差得很远。"[43]也就是说，柏拉图尽管在对话中提到了模仿的"美的目的"，但他却并不真正关注这个"美的目的"，他关注的是美的目的的获得原因（知识的引导），以及模仿与真实之间的距离，而忽略柏拉图的侧重点就会导致对于柏拉图模仿论理解的差异。其三，逼真的模仿可以表现出对象的性格、情绪等内心活动，这一方面尽管在柏拉图的对话中没有明确讨论过，但根据他的言论推测，很可能也是赞同的。其四，绘画和雕塑模仿应该是表现美丽、善良和可爱的品格，而不是那些丑陋、邪恶、可憎的形象。这一点与柏拉图也是一样的，在《理想国》中柏拉图就明确说要禁止那些负面的形象，也就是说绘画中应该表现那些善的、美的形象[44]。总结起来，就模仿的一般性认识而言，诸如外观的相似、表现正面的内容等方面，柏拉图和色诺芬是一致的，而差异的关键就在于看待绘画或雕塑这种艺术的方式，在柏拉图与色诺芬那里形成了两种不同的态度：柏拉图是从自然到艺术的"外向型观看"，这是一种从知识学角度进行的理解方式，而色诺芬，是从艺术到自然的"创造型观看"，他看到了艺术在"模仿"外部自然的时候所拥有的创造性的空间，柏拉图则把这一点主要归于知识的引导。实际上，艺术家创造性能力的发挥与知识的掌握两者之间本身就有着密切的联系，很难说孰轻孰重，只是看问题的角度不同。但就是这一点差异，却导致了后人对于柏拉图模仿论的误解，基于知识学立场的判断被视为对艺术的轻率和无知，而色诺芬从艺术创造性出发的思考，虽然并没有形成系统的思想（如柏拉图那样成为哲学体系的一部分），但却更容易被作为一种"艺术理论"来接受。这种看待艺术模仿的观点，后来在亚里士多德那里得到了进一步明确的发展。

亚里士多德那里的模仿尽管依然保留了原初的含义，比如：作为"扮演"的模仿含义依然存在，在《诗学》（1449B 24）中探讨悲剧的定义时将其称之为"一种扮演的活动"，但他也给模仿加入了新的含义。与柏拉图相比，亚里士多德最大的贡献就是把模仿的问题聚焦在了艺术的审美方面，尽管这个"艺术"是一个包括了绘画和雕塑的宏观的概念，但其中的问题主要是围绕文学方面的诗歌和戏剧展开的。亚里士多德思想中对模仿的讨论主要包括以下三点：首先，他根据所使用的媒介物，如语言文字、姿势和运动、形式和色彩、节奏与声音等，来区别各种类型的模仿活动。认为艺术（包括音乐、舞蹈、绘画、雕塑，以及狭义的诗：包括史诗、悲剧、喜剧、抒情诗、讽刺诗、颂词等）产生于模仿。其次，他认为模仿是人的本性，是人的求知本能的一种表现形式，它和人的另一种天生的美感本性相结合创造出美的艺术作品。因此，各种艺术形式都出自实现人的上述双重本性。再次，模仿应表现必然性、或然性和类型。这一点他主要是针对诗歌和悲剧来说的，他强调诗歌和悲剧要描写和记录的对象是类型，也就是说艺术要创造出典型形象，他认为这样的形象不但逼真而且比原型更美。[45] 尽管亚里士多德的模仿论主要是针对诗歌和戏剧来讨论的，但对于绘画和雕塑而言，这些思想也是一致适用的。他与柏拉图的模仿论最大区别在于将艺术本身明确地看作是一种创造性的知识活动，而不像柏拉图那样将其看作是知识引导下的技艺。当然，这两种看法本身并无对错之分，而在于看问题的立场不同，柏拉图注重的是对理性和真理的探求，亚里士多德则强调了艺术自身的创造性价值，明确将其视为探求知识和真理的一种方式。尽管这一点在柏拉图的认识论逻辑中也显示出来了，但由于他始终没有就艺术在知识引导之外的那个创造性的空间进行过讨论，也就让他的模仿论与强调艺术自身重要性的"艺术本体论"看上去相隔甚远了。

柏拉图和亚里士多德的模仿理论有相似的地方，也有重要的差异，但在他们之后的那些理论家那里却"往往把两种概念混合在一起，他们经常参考亚里士多德的见解，但却倾向于采取柏拉图那种较简单、较原始的概念"[46]。在此，有必要大致梳理一下在柏拉图和亚里士多德之后，那些沿用模仿理论的作家们是如何使用模仿概念的，以便对模仿的概念如何成为一种艺术理论的过程有较为清晰的认识。

在两人去世之后相当长的一段时间内，柏拉图的影响远远超过了亚里士多德，一方面是因为晚期希腊的社会生活发生的重大变化促使哲学的关注转向了修辞学、逻辑学和伦理学的研究，使得亚里士多德的哲学影响远远不如柏拉图，在希腊化和罗马时代，提到柏拉图的作家很多，而提到亚里士多德的较少，比如朗吉努斯和贺拉斯所推崇的都是柏拉图，甚至没有提到亚里士多德。而且，柏拉图的学园一直维持到了公元6世纪，他的思想传统基本上没有中断过。当然，这其中还有不少融合的情况，比如在新柏拉图主义的代表普罗提诺的思想中就融合了不少亚里士多德的思想。而另一方面的原因在于亚里士多德的著作在中世纪失传，很多作家仅仅是根据间接的材料才提到他，一直到13世纪，亚里士多德的一些著作才由阿拉伯文或希腊文转译为拉丁文，伴随着15世纪印刷术在欧洲的兴起，亚里士多德的思想才逐渐发生影响。尽管两人哲学思想的影响存在差异，但就艺术的模仿理论而言，却总是被混为一体，艺术作为模仿变成了一种最简单的古代观念而流传，对于两种模仿说差异的认识也几乎丧失了。在中世纪神学精神的影响下，艺术的模仿有时被合理地利用，而有时则被加以贬斥。在奥古斯丁和伪狄奥尼修斯看来，如果艺术乃是模仿，就应该去模仿那不可见的永恒世界，而对于现实对象的模仿则是象征，可从中探索永恒之美的踪迹。在融合了新柏拉图主义、亚里士多德思想和基督教神学的托马斯·阿奎那那里，他保留了艺术是对自然的模仿这一观点，强化了模仿含义中象征性的层面，将模仿的意义限定在了象征宗教的精神方面。他认为人们在生活中并不能直接通过直觉去认识神圣的真理，必须使传教的方式适应人们通过感官去认识世界的这种方式，因此，利用艺术模仿自然的那些形象向那些没有学识的人传达神圣的观念是很有效的，艺术的模仿成了一种象征信仰真理的有效手段。与之相对的，是同时期另一些激进的基督教思想家的观念，他们认为上帝禁止任何对于这个世界的模仿，这又是和偶像破坏运动相联系的，因此绘画或雕塑艺术的模仿有时又会成为要加以禁止的罪恶。

到15世纪文艺复兴的时候，绘画和雕塑作为模仿成为一种普遍接受的观点，而且对于这种模仿的认识开始越来越从艺术自身出发进行认识，作为模仿的艺术使艺术成了"艺术的隐藏"，在此基础上，亚里士多德模仿说的影响开始变得越来越明显了。首先，文艺复兴时期的作家都认为，艺术的模仿只能表现那些"好的""美的"对象，由此引发的进一步观点是：艺术不应该仅仅模仿粗糙的自然，而应该模仿被它改正过缺点之后的完美状态，新柏拉图主义的代表费奇诺就把艺术称之为"比自然更加聪明的东西"，而米开朗琪罗也直接宣称艺术可以使自然更加完美。其次，艺术的模仿对象开始发生变化，这就是关于仿古的观念。艺术虽然要模仿自然，但古人对自然的模仿更是艺术家要学习的对象，在学习古代造型技艺的同时，一种在艺术中追求完美的观念也逐渐开始占据统治地位。一方面，古希腊罗马的艺术被美化为完美的典范，成了模仿的对象，文艺复兴时期的艺术在发端之时就从中获取了重要的养料；而另一方面，文艺复兴时期那些大师的作品也变成了17世纪出现的艺术学院模仿的对象，这一思想一直伴随着学院派延续到了19世纪。总的来说，从15世纪到17世纪，关于艺术模仿的思考是在亚里士多德模仿论基础上的进一步推进，模仿的理论开始越来越走向艺术自身，而且这个"自身"还必须是一个"美"的自身。18世纪的夏尔·巴托在其论文《简化为一个单一原则的美的艺术》中将模仿作为美学的一个基本概念固定了下来，他强调了模仿是一切艺术的基本原理，艺术的模仿是一种选择性的模仿，是对完美自然进行的模仿。由此，艺术的模仿在其本体论意义上发展到了一个极端，然而，也正是当一种理论在其本体论上发展到极端的时候，就会出现翻转和颠覆，伴随着19世纪的自然主义和19世纪末20世纪初现代主义的兴起，这种经典的艺术模仿论开始逐渐被抛弃，成为一种古典的同时也是过时的艺术理论。

通过上文的梳理，我们会发现后世对于柏拉图模仿理论的使用有一些重要的特点。首先，尽管模仿论经常是作为一个基础性的理论被不断提及，而且也常常把柏拉图作为该理论的源头。但是，对于柏拉图模仿论的理解又仅仅是符号性的，他仅是作为最早以模仿来思考艺术这一点被提及，而他关于模仿的那些更为深入的和系统性的思想则很少被注意到并应用到艺术理论之中。其次，从模仿开始作为一种讨论艺术的理论在不断使用的过程中，它总是和"美"相伴的，换句话说，正是因为讨论艺术的模仿理论将艺术和美相联系，它才被作为一种重要的艺术理论去看待，由此便出现一个重要的问题：在柏拉图那里艺术的模仿是否是以美为目的的？从亚里士多德的模仿论开始一直到18世纪美学的建立，无疑都将艺术视为按照美的目的来创造，艺术模仿的对象就是美，然而在柏拉图那里，讨论艺术的模仿理论与对美的讨论却是两个问题，尽管他看到了绘画和雕塑是以美为目的的活动，但他却并没有说艺术模仿的对象必然是美。在柏拉图那里，模仿的对象仅是相似的外观，但是在后世许多艺术理论家那里，都将模仿的对象解读为理念，并将之作为最高的美与善之代表的理念。按照上述美学化的方式来阐述，从而将柏拉图的模仿论整合进一个系统的关于美的模仿论体系之中，这一做法实为对柏拉图模仿论的误解。

柏拉图在对话中关于模仿的艺术的态度实际上包含两个角度：一方面是从艺术所发挥的教育功能来说的，即从模仿作为一种学习和教化的方式这一角度来看他是赞同的；而另一方面则是从理念世界的构架来说的，绘画或雕塑这些模仿的艺术位于和真理隔了两层的最底层，由此出发他又对艺术似乎是贬低的[47]。D. R. 格雷（D. R. Grey）在其《理想国中的艺术》中就注意到了这一点，他将前者称之为教育的理论，后者作为模仿的理论，认为这两种观点的出现都早于柏拉图，是他在对话中不加区分地使用这两种观点而没有注意到其内在的矛盾[48]。因此，讨论模仿的对象首先要区分这两种情况，是在理念世界的构架中讨论模仿的对象，而不是在教育功能的方面讨论。而要讨论柏拉图那里绘画和雕塑究竟是模仿何种对象，首先就有一个关于柏拉图对于不同艺术形式好恶的争论。

不少学者都认为柏拉图对于绘画或雕塑这样的艺术从根本上是批评的，并把这种否定性的态度与当时艺术发展的具体情况对应起来，通过考察对话中逐渐出现的对于艺术那些表面上的批评态度与当时绘画技术的发展情况（诸如透视缩短法、线性透视以及色彩明暗对比法的应用）结合起来，认为柏拉图喜爱的是古风时期的绘画那种简洁、程式化的特点，而对于这些伴随着新技术发展起来的古典主义时期绘画的新面貌持批评态度，不仅对于绘画这样，雕塑也是同样的态度。在研究柏拉图与艺术问题的学者中持这一观点的不在少数，而在美术史家和美术理论家中，最典型的就是贡布里希。

贡布里希在其《艺术与错觉：图画再现的心理学研究》中考察了"希腊艺术的革新"，也就是从古风时期向古典时期转变的这种自然主义的变化，通过引用柏拉图在《法篇》中提到的关于埃及艺术的情况，他认为："柏拉图缅怀留恋往昔埃及艺术的那种不变图式。"并进而提出："柏拉图在埃及的概念化风格中看到了一种跟模仿恒常不变的理念，而不是转瞬即逝的形象的制床匠的艺术更相近的方法，这样推测过分吗？因为这恰恰是《理想国》中那段著名的文章所暗示的东西。"[49]贡布里希在这里的观点是：既然柏拉图偏爱埃及艺术的那种形式（由此也是古风艺术的形式），那么在他那里就必然有一种模仿理念的艺术。但是，贡布里希在这里的推论却颇为武断。其一，在于《法篇》中这段引文的语境：柏拉图之所以会谈到埃及的情况，是在探讨艺术的教育功能应该如何加以规范这一问题时提到的，与他对话的克利尼亚问道："埃及是如何用法律来规范这件事的？"柏拉图说："他们把各种类型的发明集中起来，把样品存放在神庙里。除了按照传统模式创作，还禁止画家和其他设计艺术家发明新的模式，这项禁令仍旧存在，适用于这些艺术以及音乐的各个部分。如果你观察他们各处的绘画和雕塑，你会发现一万年前的作品——我这样说不是粗略的，而是准确的——既不比今天的作品好，也不比今天的作品差，二者表现出同样的风格。"[50]贡布里希在引用的时候把前面柏拉图提到在通过缪斯的艺术进行教育时，对于音乐的批评与后面关于埃及的引文联系起来，以此作为推测柏拉图态度的依据："他以责难的语气谈到希腊人允许他们的音乐家'随便拿什么节奏或曲调去施教'，他赞扬埃及人，他们在很久以前就决定了一条规则……"[51]但是柏拉图在这里讨论的问题很清楚，是关于艺术的教育问题，柏拉图的意思是不能用那种娱乐性的艺术去教育人民，讨论的是模仿作为一种学习和教化的方式应该用法律的方式加以规范，让人们通过那些好的、善的艺术得到教化，产生美德而不是邪恶。这一角度与从理念世界的构架（如贡布里希联系《理想国》中反映这一构架的"三张床"理论）是不同的问题，如上文所强调的那样，这两个角度需要区分开进行讨论。其二，柏拉图的这段引文最多所能说明的问题是在立法的规范下要求艺术表现那些好的、善的内容，在教化人民的时候可以产生好的效果，但好与善的内容并不等于理念，即使按照贡布里希所推测的那样：柏拉图喜欢古风时期的艺术，其原因也不过是这种艺术是按照固定不变的程式和样式来制造的，但程式和样式充其量只是知识，而并不等于理念，如果说按照固定的程式和样式进行艺术的模仿就等于模仿理念，也就是把知识等同于理念，这显然是对柏拉图理念思想的误解。更为重要的是，即使是在《理想国》中，柏拉图的"三张床"所说明的也仅是绘画模仿客观事物的外形，客观事物模仿理念，但却从来没有说绘画可以直接跳过客观事物去模仿理念。因此，说柏拉图在埃及的概念化风格中看到了一种模仿恒常不变理念的艺术，这样的推测是欠妥的。其三，通过这个例子，柏拉图要说明的问题在于："这是因为埃及人无比信任他们的立法者和政治家。"[52]所以，这里的对话不在于说明埃及艺术更好，而是为说明埃及人更加坚持立法者的约束，是以埃及绘画的情况来说明埃及立法的情况，并没有表达出埃及绘画比希腊绘画优越的态度，这样的比较在对话中并不存在。因此，关于柏拉图偏爱古风艺术的观点只是一种猜测。

类似的讨论柏拉图偏爱哪种艺术形式的观点其实并不少，甚至还得出完全相反的结论的观点。比如：M. R. G. 史蒂文和 A. W. 比凡克就认为柏拉图反对的那种艺术形式是他年轻时的艺术，也就是公元前 5 世纪末古风末期的艺术，而不是他壮年时期即公元前 4 世纪时古典时期的艺术，这一结论与贡布里希的观点恰恰相反。史蒂文在一个柏拉图主义的文本中找到了"谴责公元前 5 世纪末雅典的艺术"以及"欣赏公元前 4 世纪初伯罗奔尼撒艺术"的证据，但却没有解释这个较晚的艺术究竟是何种样貌，也没有说明柏拉图是如何对其表示欣赏的，而比凡克的说明甚至比史蒂文的还要简略。[53]

　　事实上，讨论柏拉图究竟会喜欢哪种艺术、批评哪种艺术本身就是一个误区，正如欧文·帕诺夫斯基和 R. G. 科林伍德所指出的那样，把柏拉图的观点加诸于具体艺术风格的喜爱实为一种根本的逻辑错误，他们强调的是柏拉图模仿理论本身的形而上学本质，而这一点实际上已经排除了任何柏拉图对于具体艺术风格的态度，柯尔斯也是坚持这一观点[54]。由此，关于绘画和雕塑的艺术是对于理念的模仿这一理解也是不成立的。柯尔斯说："柏拉图似乎并没有对那些在人工作品中的美的具体本质进行思考，甚至也没有去评述与一般的视觉世界相比其所具有的那种不同秩序。因此，正如帕诺夫斯基所注意到的那样，在这位哲学家的著作中，甚至都没有艺术美学的萌芽。"[55]应该说，柯尔斯的结论基本上是符合柏拉图思想的实际情况，然而就模仿在后世对于艺术理论的影响而言，却有些极端了，因为尽管柏拉图并没有有意去探讨"艺术美学"，但是无意中在艺术与美之间建立起了一种理性却又松散的关系，而这一点恰恰是模仿在后世开始作为一种艺术理论来使用的重要原因。

　　柏拉图在其理念论里面认为，事物之所以是美的，是因为模仿了美的理念，但究竟美的理念具有什么样的特征或定义呢？这一问题和柏拉图在《大西庇亚篇》中追问什么是美是一样的问题，最终结论"美是难的"也说明这一问题在柏拉图那里其实并没有思考清楚。从艺术的教育功能来说，柏拉图认为绘画和雕塑要表现美的、善的对象以获得良好的教化功能，但这一伦理学意义上的诉求并不等于柏拉图的模仿理论，而将柏拉图的模仿论整合进一个系统的关于美的模仿论体系之中（包括他对于具体艺术风格的偏爱以及模仿美的理念之类的看法）却正是这么处理的，如果仅从这一角度来理解柏拉图的模仿不仅是片面的更是肤浅的。

柏拉图的模仿理论应该是从形而上学意义上理解的模仿理论，应该把模仿本身理解为柏拉图哲学体系中的一个重要术语，在此基础上再去探讨其作为一种艺术理论所能发挥的意义，我们将会发现许多新的值得探讨的问题。

在《大西庇亚篇》中，苏格拉底说："我要问的是美本身，而不是具体的美的事物。"这是对一种理想存在的完美本质的追问，柏拉图在这里试图探讨的是有没有一个完美本质，也即是美的理念的存在。尽管他最终没能就完美的本质给出一个定义，但却始终坚信有一个美的理念的存在，然而这个美的理念却并不是独立存在的。柏拉图在《理想国》（卷三）中就看到了："绘画中肯定有许多品质……在这些事物中都有美好与丑恶。"实际上，不仅是画中的"品质"有"美好与丑恶"之分，在古希腊的绘画和雕塑之中，同样有代表着不同品质的"美好与丑陋"的形象，而且这样的形象并不少见。美好的形象自不必说，今天所保留下来的那些被视为经典的古希腊艺术（比如那些神像雕塑、运动员雕塑等）基本上都是"美好的形象"，但是"丑陋"的形象在当时的古希腊生活中也不是少数，最为常见的就是在戏剧中出现的那些"丑陋"形象。古希腊的戏剧表演都要戴上面具（图29、图30），这些根据不同人物形象绘制的面具有美丽的也有丑陋的，最典型的就是在喜剧中出现的那些人物形象，今天出土的希腊瓶画中有不少是反映喜剧表演的场景，从

左：图29 《戏剧面具》，发现于雅典城西北角的狄庇隆门（Dipylon gate）附近，这件作品可能是当时的新喜剧中的一个"第一奴隶"的角色，潘泰列克大理石雕刻，约作于公元前2世纪

右：图30 希腊戏剧所使用面具的复原模型

中可以看到那些戴着面具的"丑陋"形象（如《红绘双耳喷口杯》中的人物形象）（图31）。除此之外，羊人剧（也称之为萨提尔剧）也是一个"丑陋"的典型。与通常描写英雄人物的悲剧不同，羊人剧由那些多毛、猥亵的羊人组成歌队，显得滑稽可笑，羊人的形象也可以在瓶画中看到（图32），而且，今天还有不少保留下来的希腊时期表现戏剧表演时所使用的羊人面具和羊人小雕像（图33）。这些例证都说明，在柏拉

图31 《红绘双耳喷口杯》，描绘了意大利地区喜剧表演的场景，公元前○—前370年，制作于意大利阿普利亚，名为马克丹尼尔（McDaniel）的画家所绘，高37.4 cm，伦敦大英博物馆藏

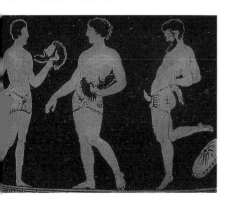

图32 戏剧演员们手持面具正为一场羊人剧做准备，出一件阿普利亚（Apulian）红绘双耳喷口杯的局部，为波利（Tarporley）画家所绘，约作于公元前380年。尼大学尼科尔森古物博物馆藏

图33 羊人面具和羊人小雕像

图生活的时代，希腊的绘画和雕塑艺术中的美丽与丑陋是并存的，戏剧表演中丑陋形象不在少数的现象可能会导致柏拉图对这类表演的批评。事实上，在对话中他确实是对悲剧提出了明确而直接的批评，甚至对于画家那些批评的言辞也主要是针对悲剧诗人而言的。然而，美丽与丑恶并存的现实给柏拉图最大的启示并不在于对悲剧的批评，而在于改变了他对理想的绝对美的思考，如果说在早期乃至中期对话中，柏拉图还对绝对的美有所坚守，试图探求其含义的话，那么到后期对话中则发生了变化，他不再把美看作是独立于丑的一种绝对的存在，而是将两者放到一种辩证的关系中去理解。

关于"美"和"丑"的问题，本书在第二章讨论柏拉图辩证法思想的时候曾涉及这一点。在《巴门尼德篇》中，柏拉图开始讨论理念和理念之间互相联系的复杂关系，通过复杂的推论，他最后得出的结论是：理念不再是绝对的，彼此分离的，而是可以相互联系和发生关系的，即使像"美"和"丑"这样相反的理念也是如此。也就是说，"美的理念"不再是绝对的美，也可能带有丑的理念，甚至可以在某种条件下转化为"丑"，或者说分有丑的理念，与之类似的，运动与静止的关系、差异与同一的关系也是如此。再加上在《智者篇》中所建立起来的模仿含义中那种认识的同一性关系一直到《法篇》中更为清晰的延续，即绘画的图像可以通过推论与理念在认识论的意义上建立起直接的联系。由此，我们可以发现，柏拉图并没有在绘画和雕塑的模仿理论与美之间建立起一种目的论的关系，他也不再去追问美究竟为何，而是将绘画与雕塑这样的艺术形式作为现象世界的一个隐喻，视为探求知识的一个起点，由此进一步去追问那些可被称之为真实的问题。或许，只有在这一意义上的模仿理论，才是柏拉图的模仿理论作为一种艺术理论所能给艺术带来的真正重要的启示。

海登·怀特说："人们写作什么样的历史，乃至于人们接受什么样的历史，取决于他们是什么样的人。"[56] 从某种程度上说，艺术史和艺术理论史是在一种理想化的状态中建立起来的，是那些从事艺术的人、热爱艺术的人、全然从艺术出发来思考问题的人建立起来的，在这一建立的过程中每个人都有关于艺术的理想，而最为经典的就是一个美学之梦。美学主义的理想把一部古典的艺术理论史和艺术史都打造成以美为目的论的发展的历史，因而也把柏拉图的模仿论改造成了一种美学化的模仿论。在这个逻辑体系中，反对任何可能产生的延异，但是当这些看似合理的逻辑走到其终结的时候，也把不少思想的珍宝带入了坟墓。然而，历史的真相究竟是什么，或许我们永远也无法认识，它也是一个我们不断在探求的理念，柏拉图的"洞穴"比喻，是一种关于知识认识的比喻，尽管我们不断在认识，但或许我们永远都只能处在接近真实的那个过程之中。作为一种艺术理论的模仿，是对艺术现实做出的思考，但这种思考本身也是一种"先制作，再匹配"的过程，只有通过不断的修正，才能获得对于艺术现实的最具生命力的思考，但修正的对象不仅是理论本身，有时更为重要的是我们自己的思想。

柏拉图的模仿理论一直都被视为一种关于艺术的原始的理论，但即使是原始也会作为现代性得以发生的动因产生影响，一种"原始"的理论也会因其原始的开放性在"现代"的条件下孕育出新的后代。在关于柏拉图和亚里士多德之于绘画观点差异这一问题上，哈利维尔曾做过一个形象的说明："如果绘画并不存在，或许对于亚里士多德的哲学框架而言最终并无影响，但却可能会使柏拉图那里某种反复出现和加以说明的思想消失，进一步而言，这就是对于人类试图模仿和阐释真实的反思。"[57] 这就是说，关于绘画模仿问题的讨论，对于亚里士多德的思想而言始终是一种"外围的"言论，但在柏拉图那里则是涉及其哲学思想架构的重要方面（正如本书第二章所讨论的那样）。也正是因为这一点，使得柏拉图关于艺术模仿的思想在理论方面比亚里士多德的影响更为深远，即模仿作为一种源远流长的艺术理论，并不仅仅在于它是关于美的模仿（尽管这是一段不可忽略的历史）。但更为重要的方面在于柏拉图建立的模仿是一种立足于哲学思想框架的元理论，它可以伴随着艺术的发展在思想的进程中产生一种延续性的生命力，这才是模仿作为一种艺术理论所真正具有的特征，揭示这种延续性正是本书接下来所要讨论的问题。

第三节

拓展的结构——模仿范式的延续

　　一个艺术理论的概念是我们在认识艺术的过程中逐渐形成的，它既对这个作为艺术的现象进行了解释，同时也对其进行了规定。对于模仿的理论而言，表面上是直观地从艺术的现象中获得知识，实际上却是在范畴和规则之中才获得的，模仿的理论就是从柏拉图哲学的范畴和规则之中获得的一种理解艺术现象的知识的形式，或者也可以说是他以艺术的知识所占有的一种理论的形式。因为，当我们在柏拉图的对话中考察他以模仿的理论讨论艺术问题的时候，显然他是具有那些关于艺术的基本知识的，所以，那些从哲学立场出发对艺术进行的批评，也可以理解为是以知性为艺术立法，这条"法"规定了人们看待和理解艺术的基本方式，它的影响一直延续到了今天。正如本书在上节所考察过的那样，模仿的理论在美学主义的方向上到 19 世纪末基本上已经走到了它的尽头，但模仿美学的死亡却并不意味着模仿理论的死亡，模仿理论已经在艺术的发展和思想的推进过程中转化为了一种元理论，尤其是我们考察过柏拉图在建立之初所开创的那些启发性的方向之后，就会发现，不少我们今天仍在使用的那些现代的和后现代的艺术理论都是在这种元理论的基础之上拓展而来的，只不过出于对新事物探索的热情，很多时候我们已经淡忘乃至不能再回溯它们的源头了。然而，一切思想都只能在历史的废墟之上重建，当我们陶醉于今天那些高楼大厦的时候，还应该不时地检查一下它们的地基，以便在一个坚实的基础之上搭建更高的结构，在观赏这个世界变幻无穷的新风景时有一个更好的视野。

康德说："范畴就是先天地给显像、从而给作为一切显像之总和的自然（从质料方面看的自然）规定规律的概念。"[58]当柏拉图开始为艺术与自然的关系制定规律的时候，他采用了模仿，同时也规定了模仿作为一种元理论所具有的两个基本范式：其一，柏拉图通过模仿在原型及其形象之间建立起了一种结构性的关系，它既表达了一种空间上的认识关系，即作为认识主体的"我"在面对自然的时候，所生成的关于自然的形象；同时也显示出了一种时间上的延续，这不仅是针对形象本身存在的延续，而且包含了这一结构所具有的可增殖的特点。其二，模仿是主体自身对于主体认识结果的一种反思，它建立起了一种以视觉为中心的认识方式，伴随着思想的发展，这一视觉的基本模式此后逐渐转化为图像生成的模式，乃至主体生成的模式。从这两个基本的范式出发，作为元理论的模仿逐渐增殖出了不少新的理论术语，成为阐释新的艺术形式及艺术思想的重要理论工具。本节的任务就是清理这两个基本范式，并由此出发，在模仿与那些今天经常在艺术理论和批评中使用的现代的以及后现代的理论术语之间建立起联系，勾勒出一条在模仿范式路径上不断发展的术语的线索。这条线索可能是粗略的，因为本书并不会对每一个相关术语都进行详细的阐释，而仅是选取那些在艺术理论发展过程中处于节点位置上的重要术语进行简要的说明，揭示其中所存在的那种结构性的关系，主要关注的是其在模仿所建立的基本范式基础上所发生的变化，从而在结构上建立起一个相对清晰的术语谱系。

一、原型与形象的结构

柏拉图的模仿理论建立起了一种关于原型与形象的结构关系，正如索尔邦所言：模仿"是一种关于形象化的理解和再现的理论"[59]，是认识主体对于模仿的原型和模仿的结果两者之间关系的思考，这一结构关系主要涉及以下因素[60]：处于两极的物体（即模仿的真实对象）和图像（即模仿所产生的一个物化的结果），模仿处于两者中间并将它们联系了起来。但细分起来在两者中间还存在两个不能物化的"虚像"——物体的真实形象以及主体的心理形象（也被称之为心理显像）。尽管这四个要素之间的关系看似紧密，但每一个要素之间却都有一个"悬而未决的中间地带"。[61]首先，物体与其真实形象之间的关系就是一种假想的视觉化关系，如果不是视觉化的关系，那么真实的形象也就没有存在的必要，因为除此之外，它就是物体本身；其次，物体的真实形象与主体的心理形象之间很难对应，这也正是柏拉图所批评感觉的不可靠之处，即使两者能够相对应，还存在第三个"中间地带"，即如何把主体的心理形象物化为图像，这就是模仿所发挥作用的地方了。从最直观的方面来说，比如，模仿的技术就直接决定着最终的图像与最初的物体之间在形象上的关系，而根据柏拉图的观点，这一在物体和图像之间的最初级关系首先就是扭曲的。但通过这样的阐释，柏拉图却建立起了一个初级的结构关系：原型（物体）—模仿—形象（图像）。在此基础上，柏拉图在《理想国》中对这一结构进行了拓展，在物体之外又设定了一个他所认为的更为真实的存在，即理念，于是便有了一个复合型的原型与形象之间的关系：原型（理念）—模仿—形象（物体，物体作为次级原型）—模仿—形象（图像），这就形成了模仿理论的最初范式。在这个范式之中，"原型"是值得注意的，除了作为原初真实的存在（理念），任何一个模仿的对象都可以成为次一级的原型，因此，这个结构关系就变成了一种可增殖的关系，因为"形象"可以无休止地作为次级原型再产生新的形象，进而将这个结构不断地延续下去。也正是出于这个原因，柏拉图这个结构中的"原型"遭到了质疑，索尔邦就认为：原型不是客观存在的，原型也可以是一种感觉中的形象[62]，不仅是理念之外的那些次级的原型，甚至理念本身也是值得怀疑的。柏拉图所构想的这个理念也是一个想象的（从而也是感觉的）"存在"（其达于现实世界的方式又是通过灵魂论来证明的），进而关于理念的真实性也就成问题了。但无论如何，柏拉图需要这样一个讨论的基点，在他的设定之下，这一结构从理念出发开始向下延伸，而同时，他的认识论也表达了一种可逆的认识的关系。由此，这一原型与形象之间的结构关系便形成了。

在这一结构关系之中，"形象"是永远介于事物本身与其真实形象之间的一个想象的或者感觉的"形象"，它可以包括多种形态，可以是一幅画作、一尊雕塑，也可能是一个概念，所以，它既可以是图像，也可以是物品，同时还可以是一个术语，比如，模仿本身（我们考察模仿

符号的结构：　能指 + 所指 = 符号

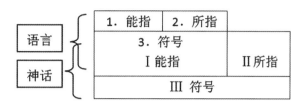

语言和神话（来源：巴特，1972年）

图34　符号的结构图

这一术语含义的生成过程时就揭示了其从原型到形象的这一发展过程），无论是何种情况，这几种形式都是作为符号在进一步增殖的过程之中扮演次级原型的角色。罗兰·巴特在其著作《神话学》中建立起了一个关于符号运转的结构（图34），可作为对柏拉图结构中"形象"运转方式的参考。

巴特是从语言学入手来探讨神话问题的，首先他借用了索绪尔的语言学中的所指和能指构成符号建立起了第一级关系，而这个第一级关系中的符号又会与新的能指和所指相结合构成新的符号，从而建立起第二级关系。此时，新的符号所指示的含义已经发生了变化，它不是对之前符号的否定，而是一种意义的扭曲和重组，从而便生成了"神话"，而且神话的扭曲和重组可以不断地重复进行下去。巴特通过符号的运转解释了神话的生成，对我们而言，这一结构与模仿所生成的原型与形象的结构关系是一致的。在原型每一次经由模仿而生成形象的过程中，都会添加新的能指和所指，从而构成新的形象。而随着这一过程的不断延续，意义的扭曲和重组也在加剧。但无论是从原型到形象的第一级关系，还是已经进行过多次演变之后的第N级关系，按照柏拉图的观点，两者之间并无本质区别，因为从一开始，模仿就形成了与真实的错位，这是一种不可归复的延异。因此，对于模仿而言，形象也就不可避免地成了一个再现或是一个象征。当模仿在思想的熔炉中被不断地改造之后，就形成了许多我们今天用于讨论艺术问题的那些术语，这就是关于模仿的谱系（图35）。

在这个图表中所展示的不仅是关于艺术形象的讨论，同时也是关于模仿这一术语的讨论。图表中的左边部分展示了上文所讨论过的柏拉图

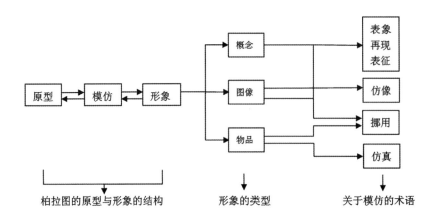

柏拉图的原型与形象的结构　　　　　形象的类型　　　　　关于模仿的术语

图35　模仿的谱系结构示意图

建立的原型与形象的结构关系，双向箭头所表示的既是柏拉图强调的从原型到形象的模仿过程，同时也表明了他的认识论所建立起来的由形象认识原型的认识论关系。中间部分是关于三种形象的类型，而最后一部分则是针对不同形象类型进行讨论和说明的关于模仿的术语。这些术语既是模仿这一术语本身或其变体，同时也代表了形象本身，是对形象性质进行界定的一个关于"形象"的代称。

　　首先是模仿本身的术语，即表象、再现和表征，这三个术语所指的都是在模仿的差异性基础上发展起来的再现性阶段的含义，即"再现意义上的模仿"（representation），只是在中文语境中根据不同情境下的含义生成了三种不同的译法。"表象"一般是用在古典哲学中的译法，主要用作名词，不是指表面的现象，而是指通过认识之后所表述（无论是语言的还是图像的方式）出来的形象，反映的是主客体之间的一种认识关系，强调的是主体的认识与真实客体之间的差异，比如在康德和叔本华哲学中就经常使用这一术语。"再现"可以同时作为动词和名词来用，我们既可以说一幅图像是对某物的再现，同时也可以说这幅图像再现了某物，是今天的艺术理论中用于阐释艺术作品的一个常用术语，作为名词的时候可以和"表象"或"表征"通用，其基本含义是一致的。与前两者相比，"表征"的用法多少具有一些当代的色彩，是伴随着文化研究的兴起在中文语境中新近出现的一个译法，是中文词汇中的"表象"与"象征"的合体词。在斯图尔特·霍尔的著作《表征：文化表象与意指实践》中[63]，通过引用《牛津英语简明辞典》中的解释，霍尔说明了"表征"的两个基本含义：1. 表征某物即描绘或摹状它，通过描绘或想象而在头脑中想起它；在我们的头脑和感官中将此物的一个相似物品摆在我们面前；例如，下述句子中的情形："此话表征了该隐对亚伯的谋杀。"2.表征还意味着象征，代表，做（某物的）标本，或替代；如在下述句子中的情形："在基督教里，十字架表征了基督的受难和受刑。"[64] 通过这两个定义，可以看出，这正是柏拉图所建立起来的模仿的拓展含义，即在模仿的差异性基础上发展出来的再现性的含义，其中第二点凸显了再现含义中的象征性。然而，霍尔在书中并没有试图为"表征"增加什么新的含义，他关注的重点是"表征"经由语言展开的意义的运作方式，霍尔认为："各种事物（包括物体、人、事情……）本身并没有任何固定的、最终的或真实的意义，正是我们——在社会中，在人类诸文化内——使事物有意义，使事物发生意指。"[65] 也就是说，意义是在表征实践的过程中被建构出来的，这种实践包括三种类型："反映论途径""意向性途径"和"构成主义途径"，通过考察这三种类型，霍尔揭示了"表征"及其意义生成的运作方式。霍尔是通过考察语言学以及在语言学基础之上发展出的符号学、福柯的权力话语这两种结构主义的途径来探讨表征的，而这个"表征"所立足的基础正是"再现"意义上的模仿，不同之处在于是从文化研究的角度展开对于古典哲学意义上的"表象"的进一步推进。当然，我们也可以理解为在后现代社会中，再现所涉及的问题被拓展和复杂化了，并且提升到了对于整个社会的文化问题的研究上来，这种变化不仅仅是发展，同时也是对一直存在问题的再发现。在此，我们可以对此时（也就是后现代语境中）的再现含义进行一个简要的总结：1.再现不仅仅涉及作为主体的我的知觉和意识，以及与所表现对象两者之间的关系，同时还涉及作为再现的图像所具有的那种符号化的性质。也就是说，涉及作为符号的图像自身、图像生成的意图，以及图像与被再现之物之间那种难以弥合的差异性关系。2.再现提醒我们关注决定再现表意的那些语境，即是说，再现含义的生成与特定语境中的交流、传播、理解和解释密切相关。这两层含义，即是柏拉图建立起来的再现意义上模仿的含义发展到当代所产生的拓展。

在柏拉图所建立的原型与形象的结构基础上，针对"形象"的不同类型还生成了一些与模仿相关的术语。仿像（simulacrum，又译作拟像、类像等）与仿真（simulation）就是两个与模仿密切相关的术语。仿像一词本身指的就是影像、幻影、模仿之物，而仿真则是模拟、假装之意，在法国哲学家鲍德里亚那里，这两个词是他用来分析后现代社会、生活和文化的关键术语。鲍德里亚在 1976 年的《象征交换与死亡》一书中划分了仿像从文艺复兴开始到现在所经历的三个阶段：1. 仿造是从文艺复兴到工业革命的"古典"时期的主要模式；2. 生产是工业时代的主要模式；3. 仿真是目前这个受代码支配的阶段的主要模式。第一级仿像依赖的是价值的自然规律，第二级仿像依赖的是价值的商品规律，第三级仿像依赖的是价值的结构规律。[66] 鲍德里亚是从仿像的差异性特点（即原型与形象的差异，也被称之为"再现或表征危机"）出发展开讨论的，在他看来，仿像的现象其实一直存在，但是伴随着技术和商品经济的发展在人类社会的不同阶段却有着截然不同的生成模式，他将仿真理解为仿像发展的第三个阶段，用来描述当代社会文化中高度发达的仿像对真实的掩盖及其自我运转的模式。在《仿像先行》（*The precession of simulacra*）一文中，鲍德里亚又专门针对形象这一问题进行了更细致的说明，他认为在人类文化发展的过程中，形象（即作为符号的形象）先后经历过四个发展阶段：1. 形象是对某种基本真实的反映；2. 形象掩盖和篡改某种基本真实；3. 形象掩盖某种基本真实的缺席；4. 形象与任何真实都没有联系，它是其自身纯粹的仿像。[67] 鲍德里亚的研究可以视为对柏拉图所建立的"原型—形象"的结构从人类社会文化发展的高度所进行的全面梳理和拓展，是模仿理论的结构范式发展到当代一个最为重要的理论形态，它尤其与当代艺术发展中那种图像化的特点有着直接的契合关系。因此，仿像和仿真也成了当代艺术批评理论中的重要术语，比如在讨论那些高科技的影像作品的时候，仿像就是一个经常用到的术语，而仿真则在针对安迪·沃霍尔的《布里洛的盒子》，或是杰夫·昆斯的《吸尘器》这样的作品所展开的批评中屡见不鲜。

在"原型—形象"的结构中，与模仿相比，挪用似乎更加"真实"，模仿从根本上来说是重新的"再造"，而挪用则是直接借用、搬用原物，并将其应用到与原物不同的语境之中，通过与其他新的因素的结合以发挥不同的作用进而生成新的意义。尽管就这一点而言，挪用与模仿有很大的差异，但是与模仿相似的是，挪用永远不能对原型进行全面的挪用，从而生成一个一模一样的原型，而只能从对原型形象的"重塑"

这一方面发挥作用。从形象作为一种符号的延续关系而言，挪用在意义生成方面与形象作为原型的不断延续又是极为相似的，上文讨论过的罗兰·巴特那个符号运转的结构同样可以清晰地解释挪用意义生成的原理，因此挪用也可以作为一种与模仿具有结构性相似的外围性术语纳入这一术语谱系之中。无论是概念、图像还是物品，都可能出现挪用的情况，尤其是在艺术史中，图像和物品（比如雕塑）的挪用是很常见的。现在一般都把挪用视为当代艺术中常见的表现手法，比如作为经典的杜尚的小便器或其他类似作品，但实际上，挪用在艺术史上一直存在，在罗伯特·S.尼尔森讨论"挪用"这一术语的时候，举了一个典型的例子：现存于威尼斯圣马可大教堂的青铜马，制作于公元 2 世纪或 3 世纪，在 5 世纪时被从开俄斯半岛带到了君士坦丁堡，放置在竞技场或城市主要的公共剧场，1204 年第四次十字军东征时被运到了威尼斯，安置在圣马可大教堂的入口处，当 18 世纪末拿破仑彻底征服威尼斯共和国的时候，又将其运往巴黎，放在杜伊勒利宫庭院的入口处，后来又被安置在新建的用来纪念拿破仑胜利的凯旋门上，拿破仑倒台后，这些马被送回威尼斯，但不是威尼斯共和国，当时是奥地利的国王弗朗西斯一世统治这座城市，他主持了正式的仪式将马重新放回到圣马可大教堂。在这组青铜马每一次的挪用过程中，它都在不同的语境中被赋予了新的含义，发挥着不同的象征性功能。[68] 对于挪用而言，它直接把原型纳入话语体系之中，其意义是可被任意赋予的。一方面，它在剥夺原初物品符号丰富含义的同时又会保留某种意义的残余；而另一方面，它又会利用这些意义的残余表达全然不同的意图。探讨艺术理论中的挪用可以揭示多方面的问题，它既可以质疑符号的转换和使用，也可以揭示不同文化环境中话语的差异，还能通过差异的比较重新审视艺术史自身创造这些符号的意义。通过比较挪用与模仿的结构性相似，突出了主体认识的创造性作用，与模仿相比，在面对一个原型的时候，挪用把主体的能力发挥到了极端，它不再是按照原型的方式被动地行动，而是将原型本身纳入主体的认识之中。实际上，挪用很可能像模仿一样古老，但是作为一种艺术的理论却被模仿遮蔽了很久，这不仅说明，挪用的问题在当代开始变得重要起来，同时也意味着，一种现象可能始终存在，只有当我们的视角发生变化的时候，才会注意到它的重要性，不仅挪用如此，模仿也是如此。

　　除了上文讨论过的这些术语，其实还有不少其他的可作为模仿谱系的术语，比如与模仿相联系的"讽喻""戏仿"等术语都可以将这个谱系续写下去，但本书这里的目的不在于对每个相关的术语都进行介绍和解释，仅在于揭示模仿的这一原型与形象的范式所建立的结构性关系在当代的文化语境中所具有的开放性启示。

二、模仿的视觉模式及其转化

　　在柏拉图的思想中，对于视觉的认识经历了一个重要的变化：尽管早期对于以视觉为代表的感觉进行了批评，但同时也看到了视觉作为一种重要认识方式所发挥的作用，这种近乎矛盾的看法在《斐多篇》中反映得最为明显[69]。《理想国》第七卷一开始的"洞喻"就以直观的比喻说明了视觉认识的模式，而到晚期的《蒂迈欧篇》，柏拉图甚至说："视觉乃是我们最大利益的源泉……从这一源泉中，我们又获得了哲学……"[70]柏拉图态度的变化说明，他开始承认视觉在人认识对象的过程中扮演着一个极为重要的角色。视觉并不仅仅是一种简单的被动的感觉，而是在不同的民族文化、不同的知识信仰条件下所形成的认识世界的特定方式。在受知识引导的模仿所建立的原型与形象的关系之中，实际上也附加了一种以视觉为中心的认识模式，所以模仿的结构同时也是一种视觉观看的结构，是一种理性引导下认识世界的特定视觉方式。这种模式可以用一种从眼睛出发看待图像与对象关系的结构图来表示（图36-1）。一方面，从左到右的关系正是柏拉图在"床喻"中所设定的结构，这是一种从高到低的关系，作为感官的视觉只能注意到现象世界的图像，而很难直接"看到"图像背后那个处于理念世界的对象，但通过知识和理性又可以对人的感官认识进行反思，从而便形成了这种对象生成图像，进而被视觉所把握的理性认识的模式；而另一方面，按照从右到左的关系，正如"洞喻"所阐释的那样，人对于对象的认识，是眼睛看到了经由光线投射在洞穴墙壁上的影子，这些影子就构成了图像，眼睛看到的只能是图像，而不是对象，它在视觉的模式中既是对象的替代或再现，同时也在认识中形成了对于对象某种程度的遮蔽，然而，视

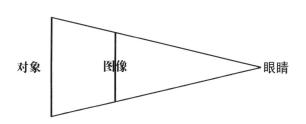

图36-1

觉又可以作为认识的出发点，通过观看作为对象影子的图像可以进一步去探究和认识对象。由此，这一模式不仅是模仿结构的直接体现，同样还是理性思想导引下的视觉方式的直观体现。伴随着模仿术语本身的流传，这一双重的理性视觉模式也在后来的思想家那里一直延续了下来，并进而转化成了艺术理论中最为经典的图像生成模式。

　　文艺复兴时期的阿尔贝蒂在其《论绘画》中对于几何透视进行了详细阐释，从而建立起了关于平行透视的理论，他把从眼睛到对象的视线当作是一种金字塔的形状，认为一幅画应该是在眼睛确认的距离上的这种金字塔的一个等距离的断面。在这种情况下，"透视点"取代了"眼睛"成了一种"正确的"观看方式。由此，图 36-1 中那种视觉的模式就转化为了一种经典的透视模式（图 36-2）。这一透视模式不仅以光线的直线运动这种直观的方式展示了视觉观看对象时最为基本的透视缩短法的原理，同时也形象地图解出了文艺复兴时期画家按照透视法创作的方式：在中间"图像"的位置放上一块打上格子的透明玻璃，画家从透视点透过玻璃观看对象，并将其轮廓描在玻璃上，由此就获得了一幅关于对象的完美的透视图像，再将这一图像转移到画布上去，于是就形成了关于对象的一个逼真的再现。然而，透视的观看方式是在知识引导下的观看，这种"功能性"的观看是只有在熟知特定科学知识的情况下才可以把握

图36-2

的能力，从最为极端的角度来看，是社会中某一群受过特定教育坚持某

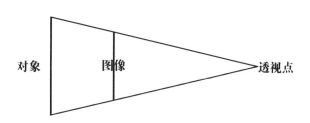

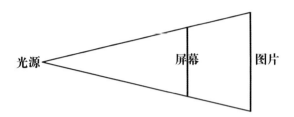

图36-3

种知识信仰的人群所拥有的观看方式，是一种意识形态化的观看，远非自然的观看，而这种观看所产生的图像的真实性也是通过知识来确证的。与图 36-1 相比，尽管只是"透视点"取代了"眼睛"，但却在两个层面上产生了重要的转化：一方面，自然的眼睛被知识的眼睛所规训，它规定了一种关于对象的正确观看的方式；而另一方面，在这种正确观看的影响下，虚幻的图像被转化为了一个真实的图像，成了一个科学的关于对象的正确再现，这种转化的重要意义就在于，它在确证图像真实性的同时，也把艺术上升到了科学与理性的高度，从而带来了艺术作品和艺术家本人地位的上升。虽然同是理性认识的逻辑结果，但与柏拉图那种哲学的模仿相比，文艺复兴时期的模仿真正成了关于艺术的模仿，这种模仿的视觉模式一直延续到了今天。

图 36-2 透视模式的生成在确证图像真实性的同时，也带来了另一方面的重要转化，即认识主体的漂移。由于透视的观看构成了关于对象的真实再现，因此，也就形成了一种视觉的笛卡尔哲学，即由"我思"确证的"存在"，转化为了"观看"构成"存在"，认识的主体不再是作为视觉出发点的"我"，而是变成了规范"观看"的那些媒介。比如：最为直接的"光源"，在这种情况下，不是"我"在直接观看，而是光线所照亮的对象将图像传递给了作为观看接受者的"我"，于是主体的模仿成了观看方式的模仿，而非主体个人的模仿。伴随着科学技术的发展，理性主义的透视观看在技术领域得到了最为贴切的实现，这就是照相术的发明，它带来了图像生产方式的根本性转变，而传统模仿的主体也被消解了，原来作为认识主体的"我"让位给了"光源"，而"光源"物化为了"镜头"，并通过特定的观看方式（屏幕）实现关于对象的认识（图片），由此便形成了（图 36-3）这样的视觉模式。

如果说，图 36-3 这样的模式直观地图解了当代视觉模仿的方式，

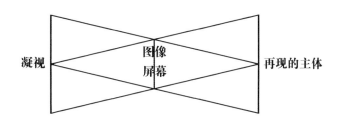

图36-4

那还只是最为表层的含义，这里的重点在于，让位给"光源"或"镜头"的主体实际上已经成为观看的"对象"，变成对象化的"图片"。换句话说，主体身份的认同需要从观看中得到确证，因而，他也就变成了观看所塑造的对象，即图片，而此时这里的观看也已经从一般意义上的观看之中区分了出来，变成了决定着主体的"凝视"。对这一点进行详细讨论的正是法国结构主义精神分析学家拉康，在梅洛－庞蒂所坚持的主客体之间相互作用观点的影响下，拉康着重探讨了凝视对于主体身份的建构问题。在《精神分析的四个基本概念》中，拉康着重讨论了图 36-3 的视觉模式，在他看来，这一模式所说明的问题在于，主体不再作为观者在"光源"的位置上出现，而是作为凝视的对象处于"图片"的位置上。"光源"或"镜头"指代的是来自他者的"凝视"，"屏幕"是指由凝视所带来的那种对于对象的想象，而"图片"则代表的是由凝视所确证的主体。拉康强调，位于图片位置的主体始终处于屏幕之中，因而也就只能接受由屏幕所预定的形状。因此，在拉康那里，图 36-3 所说明的问题在于，主体是由他者的凝视所确立的。而在此确立过程中，凝视本身所带来的对于对象的想象性特征或内容，对于主体最终的呈现起着决定性作用，所以，这个主体最终的形象是假定的而非真实的。

　　然而，拉康的讨论并没有停留在图 36-3 所示的模式之中，他又更进一步，把图 36-2 与图 36-3 结合起来，从而构成了一种新的用于讨论主体与凝视关系的模型（图 36-4）。[71]

　　图 36-4 的模型通过把图像与屏幕相结合构成了一种探讨凝视与再现主体之间关系的新型模式。一方面，从左到右的顺序说明凝视构成了主体的再现，其中的"图像"意味着"凝视"就隐藏在普遍的观看之中，而"屏幕"指的是通过想象或模仿来规定或建构主体的方式，右边这个"主体"既是一个普遍观看的主体，也是由凝视所证明的一个被动的主体；

另一方面，从右到左的顺序则说明，主体只能通过意识到凝视来实现自我认同[72]，但是这个主体却并非是一个被动的角色，而是构成凝视确证主体存在的一个重要的参与者，也正是他自己对于屏幕发挥作用提供了帮助，让他者的凝视能够利用自己，使自己成为一个"图片"，即一个得到确证了的主体，因为在拉康看来，主体要实现真实的自我在场是不可能的，唯有参与到这种运作的机制中才能有自我的认同。

其实，无论是凝视对于主体的再现，还是主体自我的认同，图36-4表明了真正重要的问题在于"中间的媒介"，即实现主体建构的"图像"或"屏幕"，而不在于凝视本身，这里的"图像"或"屏幕"指代的就是在不同权力话语中运作的那些视觉机制，正是这些决定了视觉关系中主体的身份。拉康关于凝视与主体身份建构的理论是后现代主义艺术批评中经常引用的问题，尤其涉及艺术作品中关于性别、种族、性取向等方面问题的讨论时，都会或多或少地借用这一理论，因为这些话题从根本上来说都是关于身份的再现问题，比如劳拉·马尔维著名的《视觉愉悦与叙事电影》，就运用凝视理论开辟了精神分析女性主义电影批评的道路。同样，在侧重于视觉文化的当代美术史研究中，也有不少运用凝视理论探讨美术史上名作的研究范例。[73]

从图36-1柏拉图最初建立起来的关于模仿的视觉模式出发，一直到图36-4拉康探讨凝视与主体身份关系的模式，我们看到了一种最为原始的关于模仿的视觉模式是如何在思想史的长河中得到拓展和深化，逐渐转化为了图像生成的模式，并进而发展成了一种关于主体生成模式的过程，这不仅是艺术与文化发展变化的结果，也是人类思想不断探讨自身社会文化问题的成果。结构主义的方式是对逻各斯世界最为透彻的分析，同时也把从柏拉图开始的理性主义传统所奠定的逻各斯中心主义推到了极端，然而，当其达到顶峰的时候，崩溃也随之开始了。模仿的理论是理性主义初创之时的产物，然而从一开始，它就带有了差异性的特点，或许正是这一术语本身意义的"内爆"使之丧失了那种本该具有的逻各斯中心，但同时也拥有了拓展的潜力。通过探讨柏拉图模仿理论的基本范式，我们把一个古典的、被认为过时了的艺术理论术语再度纳入了当代的视野之中，或许，模仿从未离开，它一直隐藏在那些关于艺术的思维之中，潜伏于艺术自身的发展逻辑之中，作为一种句法、一种话语延续了千年。模仿是重要的，它始终伴随着视觉与图像在艺术的历程中行走，启发我们在思考艺术的同时也在思考着自我。

[1] 《斐德若篇》，270A，中译本参见王晓朝：《柏拉图全集》第二卷，人民出版社，2002，第 190 页。

[2] 普鲁塔克：《伯里克利传》，转引（瑞士）雅各布·布克哈特：《希腊人和希腊文明》，王大庆译，上海人民出版社，2012，第 262 页。

[3] 一般认为的希腊古典时期大致是从公元前 490 年—前 4 世纪末，更为细致的划分方法是把公元前 490—前 450 年视为从古风时期向古典时期的过渡时期，也称之为古典早期，把公元前 450—前 400 年作为古典盛期，把公元前 4 世纪初—前 323 年视为古典后期。

[4] （美）约翰·格里菲斯·佩德利：《希腊艺术与考古学》，李冰清译，广西师范大学出版社，2005，第 223 页。

[5] （美）F. B. 塔贝尔：《希腊艺术史》，殷亚平译，上海人民出版社，2010，第 167 页。据说雅典的阿尔希比亚德曾把阿加莎切斯囚禁在家中，迫使他给自己的私宅做装饰画，但一般在希腊的私人住宅中，是很少用绘画来装饰的。

[6] （英）保罗·卡特里奇主编《剑桥插图古希腊史》，郭小凌、张俊、叶梅斌、郭强译，山东画报出版社，2005，第 231 页。

[7] Eva C. Keuls, *Plato and Greek Painting*, The Trustees of Columbia University, 1978, P61.

[8] （古希腊）色诺芬：《回忆苏格拉底》（卷三，第十一章，1-2），吴永泉译，商务印书馆，1984，第 125 页。

[9] 《普罗泰戈拉篇》，311C，中译本参见王晓朝：《柏拉图全集》第一卷，人民出版社，2002，第 431 页。

[10] 萨拉·B. 波默罗伊、斯坦利·M. 伯斯坦、沃尔特·唐兰、珍妮弗·托尔伯特·罗伯茨：《古希腊政治、社会和文化史》，傅洁莹、龚萍、周平译，上海三联书店，2010，第 309 页。

[11] 《智者篇》，236A，中译本参见王晓朝：《柏拉图全集》第三卷，人

民出版社，2002，第29-30页。

［12］（瑞士）雅各布·布克哈特：《希腊人和希腊文明》，王大庆译，上海人民出版社，2012，第246页。

［13］《理想国》（卷七），523B，中译本参见王晓朝：《柏拉图全集》第二卷，人民出版社，2002，第521-522页。

［14］柯尔斯认为《理想国》（523B）中的这一处也可能仅仅说的是一种普遍的视觉现象：站在远处看的物体会显得小一些，但笔者认为：既然文中提到了"画中的影像"，就可以说明柏拉图了解绘画而且也是按照这种视觉的规律来描绘的，所以至少可以得出上文所说的那两点认识。关于柯尔斯的观点，参见 Eva C. Keuls, *Plato and Greek Painting*, The Trustees of Columbia University, 1978, P62.

［15］《智者篇》，236A，中译本参见王晓朝：《柏拉图全集》第三卷，人民出版社，2002，第29-30页。

［16］（美）约翰·格里菲斯·佩德利：《希腊艺术与考古学》，李冰清译，广西师范大学出版社，2005，第249页。

［17］西锡安位于科林斯地峡附近，科林斯城邦以北。

［18］"paideia"一词最早出现于公元前5世纪，原意为"抚养孩童"，现在一般译为"教化"。但是，"paideia"一词的含义却又远非"教化"这么简单，而是包含了一套宏大的文化理想观念。古典学家耶格尔在其三卷本的著作《Paideia：希腊文化理想》中，把"paideia"等同于"文化"或"文明"，类似于今天所说的文化理想。因此，准确地说，"paideia"可以理解为是希腊人所认为的教育的理想和目的，是把人培养成具备优雅、美德、高贵和技艺的完美之人的最终诉求。

［19］Eva C. Keuls, *Plato and Greek Painting*, The Trustees of Columbia University, 1978, P139.

［20］Pliny, N.H. 35, 76-77. J. J. Pollitt, *The Art of Ancient Greece: Sources and Documents*, Cambridge University Press, 1990, P156.

［21］德国学者卡克曼就曾以普林尼作为讨论西锡安学校的证据是否可靠这一问题进行了讨论，参见 Kalkman, *Kunst geschichte*, 86-81.

［22］Pliny, N.H. 35, 79. J. J. Pollitt, *The Art of Ancient Greece: Sources and Documents*, Cambridge University Press, 1990, P159.

［23］Diogenes Laertios，4. 18. J. J. Pollitt, *The Art of Ancient Greece: Sources and Documents*, Cambridge University Press, 1990, P164.

［24］Eva C. Keuls, *Plato and Greek Painting*, The Trustees of Columbia University, 1978, P149−150.

［25］Bernard Schweitzer, *Platon*, P86.

［26］《理想国》，529D-E，中译本参见王晓朝：《柏拉图全集》第二卷，人民出版社，2002，第531页。

［27］Eva C. Keuls, *Plato and Greek Painting*, The Trustees of Columbia University, 1978, P147−149.

［28］M.R.G.Steven, *Plato and the Art*, P155.

［29］《法篇》，769A-E，中译本参见王晓朝：《柏拉图全集》第三卷，人民出版社，2002，第525页。

［30］（瑞士）雅各布·布克哈特：《希腊人和希腊文明》，王大庆译，上海人民出版社，2012，第116页。

［31］《政治家篇》，287C，中译本参见王晓朝：《柏拉图全集》第三卷，人民出版社，2002，第136页。

［32］《政治家篇》，289A，中译本参见王晓朝：《柏拉图全集》第三卷，人民出版社，2002，第137页。

［33］《法篇》，670A，中译本参见王晓朝：《柏拉图全集》第三卷，人民出版社，2002，第421页。

［34］《法篇》，800D，中译本参见王晓朝：《柏拉图全集》第三卷，人民出版社，2002，第557页。

［35］每年3月的"酒神节"期间，演员和观众会一起参加盛大冗长的祈祷和庆祝，这对人的精力构成巨大挑战。一天内由不同的演员表演四场戏剧，观众不仅要聆听歌队吟唱华丽繁复的诗歌，而且，表演持续数日，观众必须每天到场才能比较不同作家的作品，并评选出获奖的作家。参见萨拉·B.波默罗伊、斯坦利·M.伯斯坦、沃尔特·唐兰、珍妮弗·托尔伯特·罗伯茨：《古希腊政治、社会和文化史》，傅洁莹、龚萍、周平译，上海三联书店，2010，第247页。

［36］至少在公元前6世纪，雅典就开始有了史诗表演，据说是公元前6世

纪中期的时候，雅典的僭主庇西特拉图最早下令将《荷马史诗》用文字记录下来，还确立了吟唱比赛。当然，不仅是吟唱史诗，还包括其他诗歌，先是在皮提亚赛会（Pythian Games，主要在德尔斐的"披提亚"阿波罗神庙附近举办。）上举行这些比赛，后来又在雅典的泛雅典娜节上举行。参见（英）保罗·卡特里奇主编《剑桥插图古希腊史》，郭小凌、张俊、叶梅斌、郭强译，山东画报出版社，2005，第225页。

［37］Pliny, N. H. 35, 67−72. J. J. Pollitt, *The Art of Ancient Greece: Sources and Documents*, Cambridge University Press, 1990, P154.

［38］（瑞士）雅各布·布克哈特：《希腊人和希腊文明》，王大庆译，上海人民出版社，2012，第250页。

［39］《理想国》（卷三），401A−B，中译本参见王晓朝：《柏拉图全集》第二卷，人民出版社，2002，第368页。

［40］画家帕拉修斯是以弗所人，当时住在雅典。

［41］此处"再现"英译为"representation"，参见 J. J. Pollitt, *The Art of Ancient Greece: Sources and Documents*, Cambridge University Press, 1990, P155. 而中译本（吴永泉译，商务印书馆，1984 年 9 月第 1 版）则译为"表现"，因为在当时的情况下，对于绘画或雕塑的认识还没有出现"表现"的概念，该词实际上就是"模仿"的衍生义，因此"表现"的译法此处为不妥，特改为"再现"。另外，画家名为"Parrhasios"，文中译为"帕拉西阿斯"，根据古希腊人常用译名，改为"帕拉修斯"。

［42］（古希腊）色诺芬：《回忆苏格拉底》（卷三，第十章，1−8），吴永泉译，商务印书馆，1984，第125页。

［43］《理想国》，529D−E，中译本参见王晓朝：《柏拉图全集》第二卷，人民出版社，2002，第531页。

［44］《理想国》（卷三），401A−B，中译本参见王晓朝：《柏拉图全集》第二卷，人民出版社，2002，第368页。

［45］对亚里士多德的模仿说上述三方面的概括参考了：汪子嵩、范明生等：《希腊哲学史》（第三卷，第二十四章，第一节），人民文学出版社，1993，第1158−1172页。

［46］（波）瓦迪斯瓦夫·塔塔尔凯维奇：《西方六大美学观念史》，刘文

潭译，上海译文出版社，2006，第276页。

[47] 关于这一点本书在第一章第三节已经进行了讨论。

[48] D. R. Grey: "Art in the Republic", *Philosophy*, Volume 27, Issue 103,Oct. 1952, pp 291–310.

[49] （英）E.H.贡布里希：《艺术与错觉：图画再现的心理学研究》，林夕、李本正、范景中译，湖南科学技术出版社，2011，第91页。

[50]《法篇》，656D-E，中译本参见王晓朝：《柏拉图全集》第三卷，人民出版社，2002，第403页。

[51]（英）E.H.贡布里希：《艺术与错觉：图画再现的心理学研究》，林夕、李本正、范景中译，湖南科学技术出版社，2011，第91页。

[52]《法篇》，657A，中译本参见王晓朝：《柏拉图全集》第三卷，人民出版社，2002，第403页。

[53] M. R. G. Steven, *Plato and the Art*, P149. Eva C. Keuls, *Plato and Greek Painting*, The Trustees of Columbia University, 1978, P54.

[54] Eva C. Keuls, *Plato and Greek Painting*, The Trustees of Columbia University, 1978, P54–55. 其中科林伍德早期是持这一看法的，但后来在1938年出版的《艺术原理》中却又一改前论而转向采用那种认为柏拉图是批评古典艺术的"通行"说法了。

[55] Eva C. Keuls, *Plato and Greek Painting*, The Trustees of Columbia University, 1978, P56.

[56] 彭刚：《叙事的转向——当代西方史学理论的考察》，北京大学出版社，2009，第199页。

[57] Stephen Halliwell, "Beyond the Mirror of Nature: Plato's Ethics of Visual Form", in A.E.Denham edited, *Plato on Art and Beauty*, Palgrave Macmillan, 2012, P177.

[58] 康德：《纯粹理性批判》，B163，李秋零译，中国人民大学出版社，2004，第136页。

[59]（瑞典）约兰·索尔邦：《论古代艺术的模仿概念》，邢莉译，载《艺术探索》，2007年10月第4期，第41页。

[60] 戴维·萨默斯在讨论这一问题的时候分为三个要素来讨论"物体、它

的真实形象以及一个心理形象"。参见 Robert S. Nelson ,Richard Shiff: *Critical Terms for Art History*, The University of Chicago Press, 2003. P3.

[61] 贡布里希是直接就处于两极的原型与形象说其间有一个"由功能决定的平滑地带"。参见（英）E.H. 贡布里希：《艺术与错觉：图画再现的心理学研究》，林夕、李本正、范景中译，湖南科学技术出版社，2011，第 71 页。

[62] 参见（瑞典）约兰·索尔邦：《论古代艺术的模仿概念》，邢莉译，载《艺术探索》，2007 年 10 月第 4 期。

[63] 斯图尔特·霍尔这本著作的原书名为 *Representation: Cultural representations and signifying practices*，中译本名为：《表征：文化表象与意指实践》。参见（英）斯图尔特·霍尔编《表征：文化表象与意指实践》，徐亮、陆兴华 译，商务印书馆，2003。表征和再现有的时候可以通用，在后现代艺术批评理论中两种翻译都存在，只不过出于美术史和美术理论的习惯，在探讨图像的时候一般都称之为"再现"，而在涉及文化研究的时候使用"表征"，但"表征"一词应该仅用于名词，在作为动词使用的时候，比如在《表征》这本书中就经常把动词的"再现"也翻译为"表征"，则不甚符合中文的表达习惯。

[64] （英）斯图尔特·霍尔编《表征：文化表象与意指实践》，徐亮、陆兴华译，商务印书馆，2003，第 16 页。

[65] 同上，第 61 页。

[66] （法）让·波德里亚：《象征交换与死亡》，车槿山译，译林出版社，2006，第 67 页。

[67] 波德里亚还进一步解释：在第一阶段，形象有一个善的外表，再现属于圣事序列。在第二阶段，形象是一种恶的外表，属于恶行序列。在第三阶段，形象作为一种外表而游戏着，属于巫术序列。在第四阶段，形象不再从属于外表序列，而是进入了仿真序列。（Baudrillard, 1994: 6）转引自赵一凡、张中载、李德恩主编《西方文论关键词》，外语教学与研究出版社，2006，第 323 页。引文将其中的"类像"译法改为"仿像"。

[68] 参见 Robert S. Nelson, *Richard Shiff: Critical Terms for Art History*, The University of Chicago Press, 2003. P160−172.

[69] 参见本书第二章第二节就此问题展开的详细讨论。

［70］《蒂迈欧篇》47A–B，中译本参见王晓朝：《柏拉图全集》第三卷，人民出版社，2002，第 298 页。

［71］图示转引自 Norman Bryson, Michael Ann Holly, Keith Moxey, *Visual Culture: Images and Interpretation*, Wesleyan University Press, 1994, P287.

［72］比如拉康所探讨的镜像凝视问题（1949），拉康认为：婴儿在长到6—18 个月的时候会迷恋上照镜子的游戏，正是这种通过镜子所造成的镜像凝视形成了自恋式的认同，也正是借助这种镜子中的理想形象，他形成了自己初步的自我意识。所以，这里的"屏幕"实际上还包含有"镜子"的隐喻。

［73］这类研究如：托马斯·克劳（Thomas Crow）的著作《竞争：法国大革命时期艺术中的大卫、德鲁埃和吉洛德》（*Emulation: David, Drouais, and Girodet in the art of revolutionary France*, 1995），以及他的文章《论 1785—1794 年法国绘画中男性裸体形象的风格与历史》（*Observations on Style and History in French Painting of the Male Nude, 1785–1794*）；诺曼·布列逊（Norman Bryson）的文章《席里柯与"男性气质"》（*Géricault and "Masculinity"*）；格里塞尔达·波洛克（Griselda Pollock）的文章《女性主义与福柯——监视与性》（*Feminism/Foucault—Surveillance/Sexuality*）；卡佳·西尔弗曼（Kaja Silverman）的文章《法斯宾德与拉康：凝视、观看和形象之再思》（*Fassbinder and Lacan: A Reconsideration of Gaze, look, and Image*）；康斯坦丝·庞莱（Constance Penley）的文章《女性主义、精神分析与大众文化研究》（*Feminism, Psychoanalysis, and the Study of Popular Culature*），等等，上述文章均收入了：Norman Bryson, Michael Ann Holly, Keith Moxey, *Visual Culture: Images and Interpretation*, Wesleyan University Press, 1994.

柏拉图的眼光：
模仿与古希腊艺术

Plato's Vision:
Mimesis and Ancient
Greek Art

结

语

结

语

　　柏拉图说："习俗是人类的僭主，会对本性施加暴力"[1]，人都是在一种文化的规范中去思考和行动的，但文化同时也是思考和行动所积淀的知识构成的结果，所以知识是历史的僭主，会对认识施加暴力，每个人都只能从自己的情境出发按照自己的知识框架去接受历史的遗产，尽管我们都只能在历史的废墟上重建，但重建的方式却只能是个人的。探讨柏拉图的艺术模仿理论是一项复杂的工作，它既包括细致的文本考察，同时也是多重的语境辨析，当我们展开对这个词语语义探讨的时候，同时也受到该词所处的那些多样化语境的支配，比如历史的、哲学的和艺术的，究竟这些不同的语境各自在多大程度上支配了我们对于模仿的认识，至今还是一个值得探讨的问题。或许我们永远也无法有一个明确的答案，因为每一个接触到模仿的人在对其进行思考的时候，都不断地在知识的支配下产生新的认识，历史似乎不断在重演，但含义却在增加，这是一个意义的延异和增殖过程。无论如何，当我们开始追根溯源的时候，就会发现它已经在历史的长河中漂移了很远。

　　有趣的是，当一种古老的观念开始作为经典不断流传的时候，它又是以一种极为简单的也是符号化的方式在传播，简单的符号一方面便于记忆，而另一方面又提供了广阔的可供发挥的空间。所以，今天柏拉图的模仿理论既作为简单的符号在继续流传，同时也在不断地改头换面以其他的形式出现。本书的目的就是从以下这两个方面展开的，一方面试图揭示那种简单的符号与柏拉图最初的模仿含义之间的巨大差异；而另一方面则是追溯它的流传，把那些不断出现的"新模仿"从思想的海洋中挑拣出来构成一条关于模仿的线索。在本书即将结束探讨工作的时候，有必要把本书考察的结果从那些洋洋洒洒的复杂论证中整理出来，以便让本书的读者对这一问题有一个清晰的认识。尽管这可能又是一种简单符号化的处理，但可以肯定的是，它与之前我们脑海里的那个模仿的符号是极为不同的，或许这能够多多少少改变我们之前的认识。

　　本书对于柏拉图的艺术模仿理论所展开的讨论分三个部分进行，第一部分首先探讨了模仿在柏拉图之前的原初含义，即作为戏剧扮演的含义及几个次级衍生义的出现和大致使用情况，在此基础上，厘清了柏拉图在使用模仿讨论绘画或雕塑艺术的时候所出现的语义变化——差异性阶段和再现性阶段，并进而厘清了他对于艺术模仿的评价问题，这与我们长期以来所理解的负面贬低和批评是全然不同的。本书第二部分把模仿作为柏拉图哲学体系中的一个概念来探讨，它首先是柏拉图结构理念论框架的一种重要表述方式，同时又是关于现象世界的一种认识的方式，在此基础上，又从柏拉图形成辩证法的思想历程中探寻了模仿含义中的那种差异与同一性关系所形成的原因。在完成了这些"原初语境"的梳理之后，本书第三部分开始讨论作为一种艺术理论的模仿及其相关问题，首先，通过探讨柏拉图生活时代希腊艺术的发展情况来考察柏拉图使用模仿讨论艺术的那些现实基础，在此基础上，本书开始追溯柏拉图的模仿理论是如何作为一种艺术理论在后世流传的，并简要探讨了流传过程中所出现的那些含义的差异和误读，将柏拉图的模仿从那种经典的美学主义的模仿理论中区分了出来。最后一部分着重探讨了柏拉图的模仿作为一种元理论所形成的两个基本范式，即原型与形象的结构，以及模仿的视觉模式，通过考察原型与形象的结构，本书简要追溯了在这个一直延续到当代的范式中所形成的那些与模仿相关的术语，由此便勾勒出了一条关于模仿的术语谱系；而通过考察模仿的视觉模式，厘清了模仿所建立的视觉模式如何在文艺复兴转化为了图像生成的模式，并进而在当代发展成了一种关于主体生成模式的过程。

以上便是本书对柏拉图艺术模仿理论的探讨，或许这也不过是关于这一问题另一种形式的再现，但至少，这个再现较之前那个简单的符号已经清晰了不少。柏拉图的模仿理论是一座装满思想火花的宝库，在探讨这一问题的同时总会不时地生成许多其他方面的问题，然而，本书只能将话题集中在文中标题所限定的范围内展开讨论。无论如何，重新考察柏拉图的模仿是必要的，通过探讨，我们对模仿的特点有了一个系统的认识，以下几点或许可以在今后的进一步探讨中有所启发。

首先，模仿本身是一个实践和理论的问题。模仿的观念暗示了对于把人类经验、行为和象征性生产的领域截然分为两个部分这一尝试的抵抗，这两个部分一个是实践的，另一个是理论性的，模仿既是一种实践意义上的活动，也是理性意义上感觉性的判断，它弥合了两者之间的鸿沟，构成了一个探讨的基本出发点。

其次，模仿所涉及的是一个包含多重世界和主体的关系网络。传统的理性思维建构出的是一个单一独立的认知主体，而模仿所涉及的关系网络却远远超越了单个的主体，模仿所制造出的象征性世界不仅涉及其他的世界及其创造者，也把他人纳入了自我世界之中。即使在理性思维中，一个"纯粹的"模仿概念也是不存在的，这也意味着模仿从一开始就把主体和客体相对立的问题悬置了起来，使得模仿本身成为探讨主客体关系的一种方式。

最后，模仿是一个贯穿艺术史的理论问题。模仿及在其基础上所建立起来的术语，将整个艺术史的问题贯穿了起来。通过追问这一最基本的问题，我们所获得的不仅仅是关于一个基础术语或基础性艺术理论的知识，而是见证了艺术哲学的开端，它引领我们在古代与当代之间穿越，让我们意识到，艺术史上的一些问题，是从古到今我们一直在孜孜探求的，只不过在历史的变迁中它会以不同的方式出现并发挥作用，深入考察模仿含义的变化也是理解艺术史变迁的一种途径。

柏拉图强调："事物的知识并不是从名称中派生出来的。要学习和研究事物必须学习和研究事物本身。"[2]探讨模仿的理论也是如此，"模仿"本身不过是一种语言的形式，讨论模仿的问题离不开对艺术本身及其特点的考察，模仿理论在历史上的变迁不仅在于社会的变化、思想的推进，同时也在于不同时期艺术形态的变化，正是那些思想的和实践的实际状况决定了"模仿"的含义，深入去探讨这些问题或许才是我们试图获得的关于模仿的真实。柏拉图最初提出模仿是为了区分真实与虚幻，但伴随着人类社会的发展和技术的进步，真实与虚幻之间的边界正在逐渐消解，但模仿却一直都存在，并不断以各种形式出现来探寻真实区分虚幻，然而，真实其实从未被发现，而我们却始终在追逐。

［1］《普罗泰戈拉篇》，337D，中译本参见王晓朝：《柏拉图全集》，人民出版社，2002，第460页。

［2］《克拉底鲁篇》，439B，中译本参见王晓朝：《柏拉图全集》第二卷，人民出版社，2002，第132页。

参考文献

一、外文资料

A. E. Denham edited, *Plato on Art and Beauty*, Palgrave Macmillan, 2012.

A. W. Lawrence, *Greek Architecture*, Revised by R. A. Tomlinson, Yeal University Press, 1983.

A. Nehamas, Plato on Imitation and Poetry in Republic 10, in Moravcsik and Temko (eds.), *Plato on Beauty, Wisdom, and the Arts* (1982), pp.47−78.

Christopher Janaway, *Images of Excellence: Plato's Critique of the Arts*, Clarendon Press, Oxford, 1995.

Charles Walston, The Establishment of the Classical Type in Greek Art, *The Journal of Hellenic Studies, Vol.44, Part 2 (1924), pp.223−253.*

Constantine Cavarnos, Plato's Teaching on Fine Art, *Philosophy and Phenomenological Research*, Vol.13, No.4 (Jun., 1953), pp.487−498.

C. Janaway, Beauty in Nature, Beauty in Art, *British Journal of Aesthetics*, Vol.33 (1993), pp.321−32.

Donald Preziosi, *The Art of Art History: A Critical Anthology*, Oxford University Press, 1998.

D. R. Grey, Art in the Republic, *Philosophy*, Volume 27, Issue 103, October 1952, pp.291−310.

Eva C. Keuls, *Plato and Greek Painting*, The Trustees of Columbia University, 1978.

Eva C. Keuls, Plato on Painting, *The American Journal of Philology*, Vol.95, No.2 (Summer, 1974), pp.100−127.

E. Belfiore, A Theory of Imation in Plato's Republic, *Transactions of the American Philological Association*, Vol. 114 (1984), pp.121−46.

Gunter Gebaure and Christoph Wulf, *Mimesis: Culture, Art, Society*, translated by Don Reneau, University of California Press, 1995.

G. Sörbom, *Mimesis and Art*, Uppsala, 1966.

Gisela M. A. Richter, *Handbook of the Greek Collection*, Published for The Metropolitan Museum of Art by Harvard University Press, 1953.

G. F. Else, "Imitation" in the Fifth Century, *Classical Philology*, Vol.53(1958), pp.73−90.

G. M. A. Grube, Plato's Theory of Beauty, *The Monist*, Vol.37 (1927), pp.269−88.

H. Koller, *Die Mimesis in der Antike*, Berne, 1954.

John Boardman, *Greek Sculpture: The Classical Period*, Thames&Hudson, 1985.

J. M. E. Moravcsik and Philip Temko edited, *Plato on Beauty, Wisdom, and the Arts*, Rowman and Littlefield, 1982.

J. J. Pollitt, *Art and Experience in Classical Greece*, Cambridge University Press, 1972.

J. J. Pollitt, *The Art of Ancient Greece: Sources and Documents*, Cambridge University Press, 1990.

John Onians, *Classical Art and The Cultures of Greece and Rome*, Yale University Press, 1999.

Jeremy Tanner, *The Invention of Art History in Ancient Greece: religion, society and artistic rationalization*, Cambridge University Press, 2006.

James I. Porter, *The Origins of Aesthetic Thought in Ancient Greece: Matter, Sensation, and Experience*, Cambridge University Press, 2010.

Jenifer Neils and John H. Oakley, *Coming of Age in Ancient Greece: Images of Childhood from the Classical Past*, Yale University Press, 2003.

John H. Hallowell, Plato and his Critics, *The Journal of Politics*, Volume 27, Issue 02, May, 1965, pp.273−289.

J. W. Fitton, Greek Dance, *The Classical Quarterly*, New Series, Vol.23, No.2 (Nov., 1973), pp.254−274.

J. Tate, "Imitation" in Plato's Republic, *The Classical Quarterly*, Vol.22

(1928), pp.16−23.

J. Tate, Plato and 'Imitation', *The Classical Quarterly*, Vol.26, No.3/4 (Jul.−Oct., 1932), pp.161−169.

L. Golden, Plato's Concept of Mimesis, *British Journal of Aesthetics*, Vol.15(1975), pp.118−31.

L. A. Kosman, Silence and Imitation in the Platonic Dialogues, in J. C. Klagge and N. D. Smith (eds.). *Oxford Studies in Ancient Philosophy*, suppl. Vol.1992: *Methods of Interpreting Plato and his Dialogues* (Oxford, 1992), pp.73−92.

Martin Robertson, *A History of Greek Art*, Cambridge University Press, 1975.

Moshe Barasch, *Theories of Art,1: From Plato to Winckelmann*, Routledge, New York and London, 2000.

Moshe Barasch, *Theories of Art, 2: From Winckelmann to Baudelaire*, Routledge, New York and London, 2000.

Michael Shanks, Art and an Archaeology of Embodiment: Some Aspects of Archaic Greece, *Cambridge Archaeological Journal*, Volume 5, Issue 02, October 1995, pp.207−244.

Nigel Spivey, *Greek Art*, Phaidon, 1997.

Norman Bryson, Michael Ann Holly, Keith Moxey, *Visual Culture: Images and Interpretation*, Wesleyan University Press, 1994.

N.Keith Rutter and Brian A.Sparkes edited, *Word and Image in Ancient Greece*, Edinburgh University Press, 2000.

Nancy Demand, Plato and the Painters, *Phoenix*, Vol.29, No.1 (Spring, 1975), pp.1−20.

O. A. W. Dilke, The Greek Theatre Cavea, *The Annual of the British School at Athens*, Vol.43 (1948), pp.125−192.

Plato, *The Dialogues of Plato*, Translated into English with analyses and introductions by B. Jowett, Oxford University Press, Third Edition 1892.

Plato, *Complete Works*, Edited by John M. Cooper, Associate Editor D. S. Hutchinson, Hackett Publishing Company, 1997.

Plato, *Dialogues on Arts and Aesthetics*, translated with analyses and introductions by Benjamin Jowett, Cambridge University Press, 1871.

Percy Gardner, Idealism in Greek Art, *The Art World*, Vol.1, No.6 (Mar., 1917), pp.419−421.

Richard Kraut edited, *Plato*, Cambridge University Press, 1992.

Rupert C. lodge, *Plato's Theory of Art*, Routledge, First published in 1953, issued in paperback in 2010.

Robert S. Nelson, Richard Shiff: *Critical Terms for Art History*, The University of Chicago Press, 2003.

R. Drew Griffith, Corporality in the Ancient Greek Theatre, *Phoenix*, Vol.52, No.3/4 (Autumn − Winter, 1998), pp.230−256.

R. G. Steven, Plato and the Art of his Time, *The Classical Quarterly*, Volume 27, Issue 3−4, July 1933, pp.149−155.

Robert Stecker, Plato's Expression Theory of Art, *Journal of Aesthetic Education*, Vol.26, No.1 (Spring, 1992), pp.47−52.

R. G. Collingwood, Plato's Philosophy of Art, *Mind*, New Series, Vol.34, No.134 (Apr., 1925), pp.154−172.

Stephen Halliwell, *The Aesthetics of Mimesis: Ancient Texts and Modern Problems*, Princeton University Press. 2002.

Sheila Dillon, *Ancient Greek Portrait Sculpture: Contexts, Subjects, and Styles*, Cambridge University Press, 2006.

Thomas Crow, *The Intelligence of Art*, The University of North Carolina Press, 1999.

Thomas Gould, Plato's Hostility to Art, *Arion*, Vol.3, No.1 (Spring, 1964), pp.70−91.

Udo Kultermann, *The History of Art History*, Abaris Books, 1993.

W. J. Verdenius, *Mimesis: Plato's Doctrine of Artistic Imitation and its Meaning to us*, Leiden, 1949.

Whitney M.Davis, Plato on Egyptian Art, *The Journal of Egyptian Archaeology*, Vol.65 (1979), pp.121−127.

二、中文书目

1. 中文译著

（古希腊）柏拉图：《柏拉图全集》四卷，王晓朝译，人民出版社，2002。

（古希腊）柏拉图：《柏拉图对话集》，王太庆译，商务印书馆，2004。

（古希腊）柏拉图：《柏拉图文艺对话集》，朱光潜译，安徽教育出版社，2007。

（古希腊）柏拉图：《巴曼尼德斯篇》，陈康译注，商务印书馆，1985。

（古希腊）柏拉图：《理想国》，郭斌和、张竹明译，商务印书馆，1986。

（古希腊）柏拉图：《柏拉图的〈会饮〉》，刘小枫译，华夏出版社，2003。

（古希腊）色诺芬：《回忆苏格拉底》，吴永泉译，商务印书馆，1984。

（古希腊）希罗多德：《历史》，周永强译，安徽人民出版社，2012。

（古希腊）修昔底德：《伯罗奔尼撒战争史》，徐松岩译注，上海人民出版社，2012。

（古罗马）普洛克罗：《柏拉图的神学》，石敏敏译，中国社会科学出版社，2007。

（英）A. E. 泰勒：《柏拉图：生平及著作》，谢随知、苗力田、徐鹏译，山东人民出版社，2008。

（法）让－弗朗索瓦·马特：《论柏拉图》，张竝译，华东师范大学出版社，2008。

（美）列奥·施特劳斯：《论柏拉图的〈会饮〉》，邱立波译，华夏出版社，2012。

（德）施莱尔马赫：《论柏拉图对话》，黄瑞成译，华夏出版社，2011。

（美）朱莉娅·安娜斯：《解读柏拉图》，高峰枫译，外语教学与研究出版社，2007。

（英）沃尔特·佩特：《柏拉图与柏拉图主义》，徐善伟译，大象出版社，2012。

（法）西蒙娜·薇依：《柏拉图对话中的神：薇依论古希腊文学》，吴雅凌译，华夏出版社，2012。

（德）施米特：《现代与柏拉图》，郑辟瑞、朱清华译，上海书店出版社，2009。

（德）费勃：《哲人的无知》，王师译，华夏出版社，2010。

（美）格雷纳：《古希腊政治理论：修昔底德和柏拉图笔下的人的形象》，戴智恒译，华夏出版社，2012。

（美）詹姆斯·罗德之：《柏拉图的政治理论：以及施特劳斯与沃格林的阐释》，张新刚译，上海三联书店，2012。

（瑞士）葛恭：《柏拉图与政治现实》，黄瑞成、江澜译，华东师范大学出版社，2010。

（瑞士）雅各布·布克哈特：《希腊人和希腊文明》，王大庆译，上海人民出版社，2012。

（英）N. G. L. 哈蒙德：《希腊史》，朱龙华译，商务印书馆，2016。

（英）保罗·卡特里奇主编《剑桥插图古希腊史》，郭小凌、张俊、叶梅斌、郭强译，山东画报出版社，2005。

（美）威尔·杜兰特：《希腊的生活》，台湾幼狮文化译，华夏出版社，2010。

（英）狄金森：《希腊的生活观》，彭基相译，华东师范大学出版社，2006。

（英）简·艾伦·赫丽生：《古希腊宗教的社会起源》，谢世坚译，广西师范大学出版社，2004。

（英）简·艾伦·赫丽生：《古希腊宗教研究导论》，谢世坚译，广西师范大学出版社，2006。

（美）弗格森：《古希腊—罗马文明：社会、思想和文化》，李丽书译，华东师范大学出版社，2012。

萨拉·B.波默罗伊、斯坦利·M.伯斯坦、沃尔特·唐兰、珍妮弗·托尔伯特·罗伯茨：《古希腊政治、社会和文化史》，傅洁莹、龚萍、周平译，上海三联书店，2010。

（法）G.格洛兹：《古希腊的劳作》，谢光云译，上海人民出版社，2010。

（德）E.策勒尔：《古希腊哲学史纲》，翁绍军译，山东人民出版社，1992。

（法）罗朗·艾蒂安、弗朗索瓦·艾蒂安：《古代希腊：考古发现之旅》，徐晓旭译，上海教育出版社，2004。

（美）汉密尔顿：《希腊精神：西方文明的源泉》，葛海滨译，辽宁教育出版社，2005。

（英）纳撒尼尔·哈里斯：《古希腊生活》，李广琴译，希望出版社，2006。

（英）多佛等：《古希腊文学常谈》，陈国强译，华夏出版社，2012。

（奥）埃尔温·薛定愕：《自然与古希腊》，颜锋译，上海科学出版社，2002。

（意）弗里奥·杜兰多：《古希腊：西方世界的曙光》，马铭、卢永真译，中国水利水电出版社，2006。

（英）H.D.F.基托：《希腊人》，徐卫翔、黄韬译，上海人民出版社，2006。

（英）奥斯温·默里：《早期希腊》，晏绍祥译，上海人民出版社，2008。

（波）瓦迪斯瓦夫·塔塔尔凯维奇：《西方六大美学观念史》，刘文潭译，上海译文出版社，2006。

（英）B.鲍桑葵：《美学史》，彭盛译，当代世界出版社，2008。

（法）H.丹纳：《艺术哲学》，张伟译，北京出版社，2004。

（英）简·艾伦·哈里森：《古代艺术与仪式》，刘宗迪译，生活·读书·新知三联书店，2008。

（德）温克尔曼：《古代艺术史》，邵大箴译，中国人民大学出版社，1989。

（美）F.B.塔贝尔：《希腊艺术史》，殷亚平译，上海人民出版社，2010。

（美）约翰·格里菲斯·佩德利：《希腊艺术与考古学》，李冰清译，广西师范大学出版社，2005。

（英）A.S.默里：《古希腊雕塑史》，张铨、孙志刚、刘寒青译，江苏美术出版社，2007。

（英）温尼·海德·米奈：《艺术史的历史》，李建群等译，上海人民出版社，2007。

（英）E.H.贡布里希：《艺术与错觉：图画再现的心理学研究》，林夕、李本正、范景中译，湖南科学技术出版社，2011。

（英）E.H.贡布里希：《理想与偶像：价值在历史和艺术中的地位》，范景中、曹意强、周书田译，上海人民美术出版社，1989。

（英）E.H.贡布里希：《艺术与科学：贡布里希谈话录和回忆录》，杨思梁、范景中、严善淳译，浙江摄影出版社，1998。

（美）E.潘诺夫斯基：《视觉艺术的含义》，傅志强译，辽宁人民出版社，1987。

（英）萨林·柯马尔、伊万·卡斯克尔：《艺术史的语言》，王春辰、李笑男、杨扬译，江苏美术出版社，2008。

（法）米歇尔·福柯：《知识考古学》，谢强、马月译，生活·读书·新知三联书店，1998。

（美）阿瑟·丹托：《寻常物的嬗变：一种关于艺术的哲学》，陈岸瑛译，江苏人民出版社，2012。

（美）梯利著，伍德增补：《西方哲学史》，葛力译，商务印书馆，1995。

（英）罗素：《西方哲学史》上，何兆武、李约瑟译，商务印书馆，1963。

（美）罗伯特·C.拉姆：《西方人文史》，张月、王宪生译，百花文艺出版社，2005。

（美）约翰·巴克勒、贝内特·希尔、约翰·麦凯：《西方社会史》，霍文利、赵燕灵、朱歌妹、黄鹤等译，广西师范大学出版社，2005。

（瑞士）雅各布·布克哈特：《世界历史沉思录》，金寿福译，北京大学出版社，2007。

（瑞士）雅各布·布克哈特：《历史讲稿》，刘北成、刘研译，生活·读书·新知三联书店，2009。

（法）雅克·勒高夫：《历史与记忆》，方仁杰、倪复生译，中国人民大学出版社，2010。

（法）让·波德里亚著：《象征交换与死亡》，车槿山译，译林出版社，2006。

（美）唐纳德·R.凯利：《多面的历史：从希罗多德到赫尔德的历史探寻》，陈恒、宋立宏译，生活·读书·新知三联书店，2003。

（英）斯图尔特·霍尔编《表征：文化表象与意指实践》，徐亮、陆兴华译，商务印书馆，2003。

刘小枫选编《〈王制〉要义》，张映伟译，华夏出版社，2006。

张文涛选编《神话诗人柏拉图》，董赟、胥瑾译，华夏出版社，2010。

刘小枫、陈少明主编《柏拉图与天人政治》，华夏出版社，2009。

彭磊选编《叙拉古的雅典异乡人：柏拉图〈书简七〉探幽》，王师、马涛红译，华夏出版社，2010。

2. 中文著作及文章

陈中梅：《柏拉图诗学和艺术思想研究》，商务印书馆，1999。

陈中梅：《试论古希腊思辨体系中的 Technē》，《哲学研究》，1995年第2期。

迟轲主编：《西方美术理论文选：古希腊到20世纪》，江苏教育出版社，2005。

方朝晖：《"辩证法"一词考》，《哲学研究》，2002年第1期。

黄洋、晏绍祥：《希腊史研究入门》，北京大学出版社，2009。

黄克剑：《柏拉图"理念论"辨证：再论哲学的价值课题》，《哲学研究》，1995 年第 5 期。

聂运伟：《论柏拉图摹仿说的知识学背景》，《哲学研究》，2004 年第 8 期。

孙道天：《古希腊历史遗产：欧洲文明 源远流长》，上海辞书出版社，2004。

汪子嵩、范明生等：《希腊哲学史》第二卷，人民文学出版社，1993。

王宏文、宋洁人：《柏拉图研究》，山东人民出版社，1991。

王柯平：《Μίμησις 的出处与释义》，《世界哲学》，2004 年第 3 期。

肖厚国：《古希腊的思想与历史：自由的古典探索》，上海人民出版社，2010。

谢光云：《古典时期的雅典城市研究》，中国社会科学出版社，2006。

姚介厚：《西方哲学史（学术版）》第二卷，江苏人民出版社，2005。

叶秀山、王树人：《西方哲学史（学术版）》第一卷，江苏人民出版社，2004。

余纪元：《论柏拉图对理念世界的构造》，《哲学研究》，1988年第 2 期。

朱光潜：《西方美学史》，人民文学出版社，1979。

后　记

　　本书是在我的博士论文的基础上修改而成。当我开始读博士的时候，并没有想到自己的博士论文会讨论柏拉图的模仿理论这样一个古老的艺术理论问题，当今天大家都在关注现代艺术、后现代艺术以及当代艺术，探讨那些最为前沿的理论思想和时髦术语的时候，有谁还会去关注这样一个2000多年前的，任何对艺术理论稍有了解的人都能用一两句话介绍的简单的常识性问题呢？然而，当我真正开始仔细去追溯和讨论这一问题的时候，发现不少看似简单的常识中却往往存在着简单化的误解，而这其中任何问题探究起来都是复杂的。对我来说，对这一问题的研究最大收获不是厘清了一个基础性的艺术理论问题，也不是获得了相应的具体知识，而是让我明白了研究问题真正的方式——不断地思考和追问，哪怕面对的是一个最为简单的常识性问题。

　　从刚刚考入中央美术学院美术史系算起，至今我接触美术史和美术理论已经有10年了，前4年的本科阶段算是扫盲，而此后硕士、博士跟随我的导师易英教授学习的6年则让我真正认识了什么是美术史和美术理论，以及如何尝试去思考和讨论这其中的问题。能成为易老师的学生是我的荣耀，跟随他学习是一种幸福，无论是在学校的课堂里，还是在国内外的各种遗址、博物馆中，抑或是在饭桌上、谈笑间，乃至生活中的一点一滴，这些年易老师教给我的不仅是关于美术史、美术理论、历史、政治、哲学等各方面的知识，更是做学问的方法和态度，以及如何做人如何处事。除此之外，还有他在生活中对我大大小小的关心和帮助。无论如何，易老师是我首先要感谢的最重要的人，他的言传身教既是我努力的方向也是鞭策我前行的动力。

感谢宋晓霞老师在我最初选定这个论文题目面临迷茫困惑之时，给我的鼓励和帮助；感谢我的师兄师姐师弟师妹们在日常生活和学习中对我的点滴帮助，能和他们一起学习、一起成长是我的荣幸。

自从离开家来京学习到现在工作至今也10多年了，这些年只有寒暑假短暂地回家看看父母，他们身体偶有不适也不能陪在身边，想来也是愧疚，有时候忙起来，十天半月才通一次电话，在电话中他们总是不忘对我嘘寒问暖，正是他们替我承担了生活的艰辛，一如既往地支持我，才能让我顺利完成学业，感谢父母亲的养育之恩！当年读书时候的女友张舒，如今已是我的妻子，感谢这些年她在生活学习各个方面对我的关心、照顾、理解和支持，能和她一起读书、毕业、经历生活中的风风雨雨是很幸福的事情。

衷心感谢广西美术出版社前总编辑姚震西老师，没有他慷慨无私的帮助，便没有这本书的出版！同时，还必须感谢我的同事张涛先生和北京画院的奇洁女士，是他们介绍我认识了姚震西老师，并促成了本书的出版，感谢他们夫妇的无私帮助！我还必须感谢本书的责任编辑谢赫女士，她认真、细致、高效的工作令人敬佩，也是这本书得以顺利出版的重要保证，希望这本略显枯燥的著作没有给她的工作带来太多的困扰。此外，还有参与本书设计、校对、印刷等一系列工作的朋友们未能一一提及，也在此一并感谢！

提交博士论文的时候我还不到29岁，如今3年过去了，我已进入了而立之年，回想这些年在生活中为自己设定的大大小小的目标，有的实现了，有的搁置了，有的还在进行中，时而也会感慨。以前在上易老师的讨论课时读到一句话"思考不是本能，拒绝思考才是"，很有感触，也就不时地以此作为激励自己的动力，在这个充满诱惑和现实压力的世界中，能够踏踏实实地读书和思考还是不容易的，既然选择了这条路，我会努力一直走下去。毕竟，能够做自己喜欢的事情是人生最大的幸福。

赵炎

2017 年 4 月 5 日于中央美术学院

图书在版编目（CIP）数据

柏拉图的眼光：模仿与古希腊艺术 / 赵炎著 . —南宁：
广西美术出版社，2018.6

ISBN 978-7-5494-1888-6

Ⅰ . ①柏… Ⅱ . ①赵… Ⅲ . ①柏拉图（Plato 前 427–
前 347）—文艺学—哲学思想—研究 ②艺术史—研究—古
希腊 Ⅳ . ① B502.232 ② J154.509.2

中国版本图书馆 CIP 数据核字（2018）第 058925 号

柏拉图的眼光：模仿与古希腊艺术
BOLATU DE YANGUANG: MOFANG YU GUXILA YISHU

著　　者：赵　炎
图书策划：姚震西
责任编辑：谢　赫
书籍设计：陈　凌
责任校对：梁冬梅　张瑞瑶
审　　读：陈小英
出版发行：广西美术出版社
地　　址：广西南宁市望园路 9 号（邮编：530023）
网　　址：www.gxfinearts.com
印　　刷：广西地质印刷厂
开　　本：787 mm × 1092 mm　1/16
印　　张：12.5
字　　数：90 千
出版日期：2018 年 6 月第 1 版第 1 次印刷
书　　号：ISBN 978-7-5494-1888-6
定　　价：88.00 元